올백 맞는 교과서 따라 쓰기

초등 1

1 학기

국어

수학

통합

2 학기

국어

수학

통합

1 학기

국어 : 글자를 만들어요

자음을
알아보자.

바르게 따라 써보자.

우리 이름
알고 있니?

자 음

자

자

기 역

기

니 은

니

디 귿

디

리 을

리

미 음

미

비 읍

비

시 옷

시

따라 써보자!

우리는 자음이야.

이	응	지	읒	치	읓	키	읔
이		지		치		키	

자음은 모두 14개야.

티	읕	피	읖	히	읗
티		피		히	

모음을
알아보자.

바르게 따라 써보자.

ㅏ, ㅓ, ㅗ, ㅜ, ㅡ, ㅣ,
ㅐ, ㅔ, ㅚ, ㅟ
우리는 모두 단모음이야.

모	음

아	

어	

오	

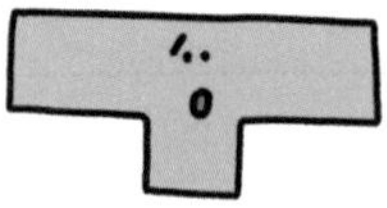

우	

으	

이	

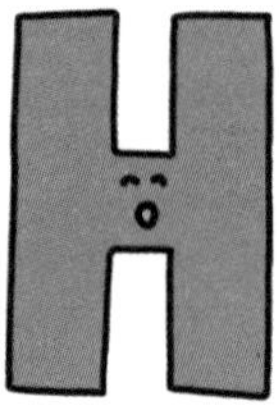

애	

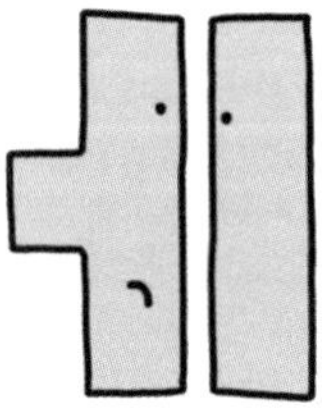

에	

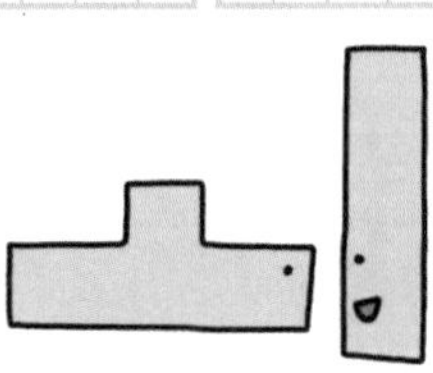

외	

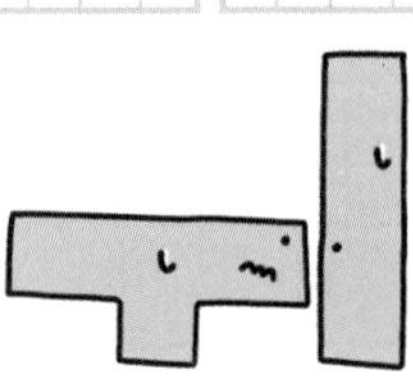

위	

단모음은
모두 10개야.

따라 써보자!

우리는 이중모음이고,
모두 11개야.

야

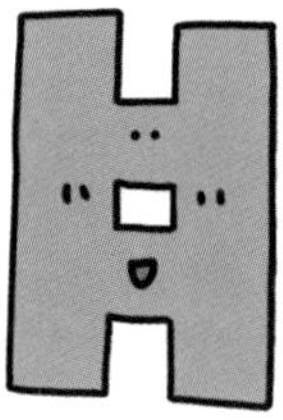

얘

여

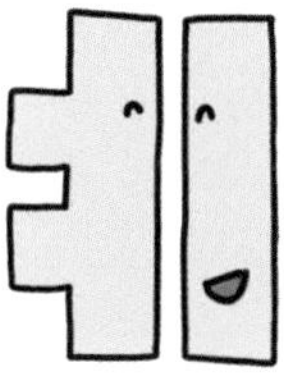

예

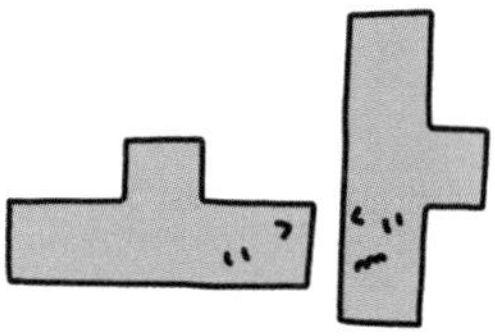

와

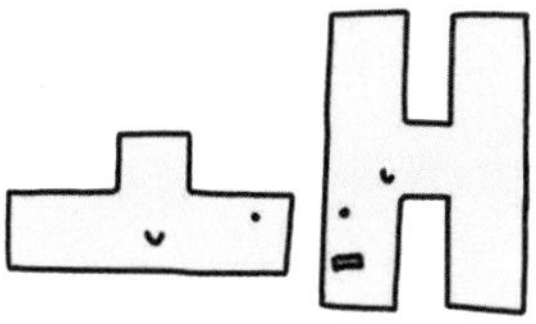

왜

요

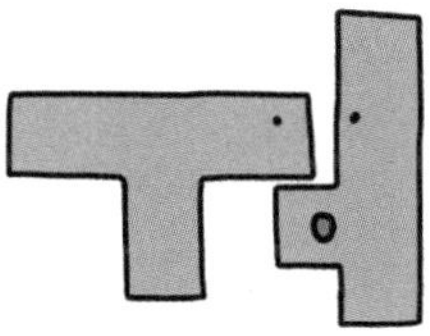

워

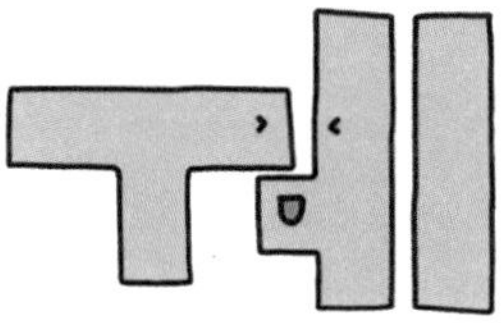

웨

유

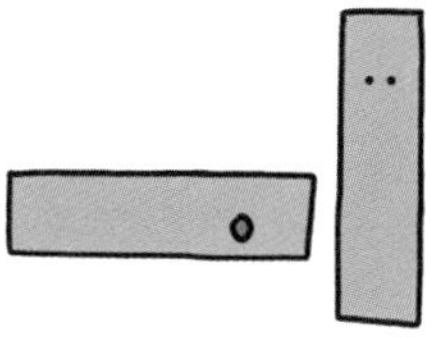

의

단모음과 이중모음

발음할 때 입술의 모양이나 혀의 위치가 일정하게 유지되면 단모음, 바뀌면 이중모음이라고 해.

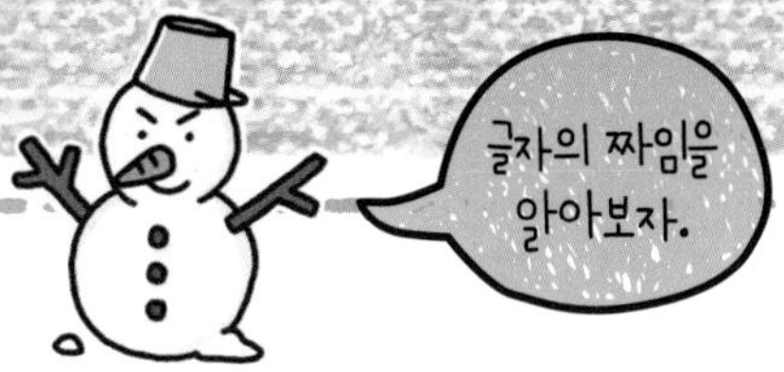
글자의 짜임을
알아보자.

	ㅏ	ㅑ	ㅓ	ㅕ	ㅗ	ㅛ	ㅜ	ㅠ	ㅡ	ㅣ
ㄱ	가									
ㄴ	나									
ㄷ	다									
ㄹ	라									
ㅁ	마									
ㅂ	바									
ㅅ	사									
ㅇ	아									
ㅈ	자									
ㅊ	차									
ㅋ	카									
ㅌ	타									
ㅍ	파									
ㅎ	하									

따라 써보자!

1

자음과 모음이 만나면 글자가 돼.

자

자

잘못 조합된 자음과 모음을 다시 조합해 알맞은 단어로 고쳐보자.

정답 135쪽

무갹노구 → 군

힌트 : 겨울 간식

나는 동치미파~
아~ 김이 모락모락 나는 그거?
나는 김치랑 먹으면 그렇게 맛있더라.

2

자음과 자음이 만나면 글자를 완성할 수 없고,

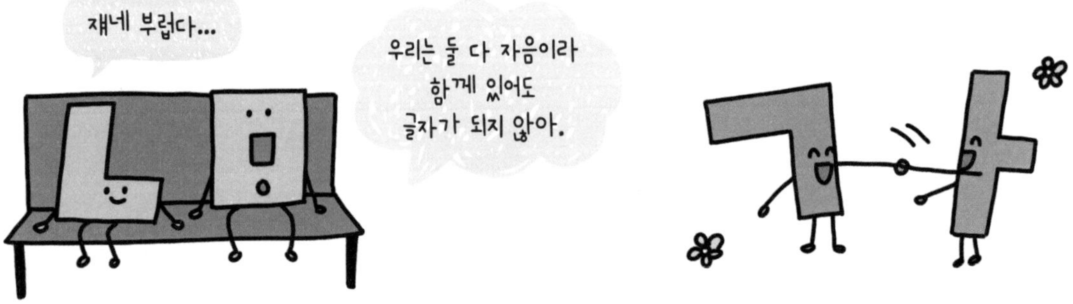

따라 써보자!

3

글자의 제일 앞에는 자음만 올 수 있어. 하지만 자음만으로는 글자가 될 수 없지.

모음과 모음이 만나도 글자가 되지 않아.

자음과 모음이 만나야 글자가 될 수 있어.

가나다

글자

수학 : 10까지의 수

바르게 따라 써보자.

일	이	삼	사	오

육	칠	팔	구	십

10까지 숫자를
세어볼까?

바르게 따라 써보자.

하나 둘 셋 넷 다섯

여섯 일곱 여덟 아홉

열

보통 숫자를 읽을 땐
'일, 이, 삼…' 이렇게 읽지만,
개수를 셀 때는
'하나, 둘, 셋…'으로 읽어.

하나, 둘, 셋,
넷, 다섯 …

123

1	2	3	4	5	6	7	8	9

1

숫	자	는		모	두		10	가
지		모	양	이		있	어	.

10까지 숫자를
세어볼까?

근데 개수를 나타내는
숫자는 9개뿐인데?

2

숫자는 1에서 9까지 점점 커지고

3

0은 아무것도 없는 수야.

날 무시하지마!
내가 다른 숫자 뒤에 붙는 순간,
숫자가 커질 수 있거든!

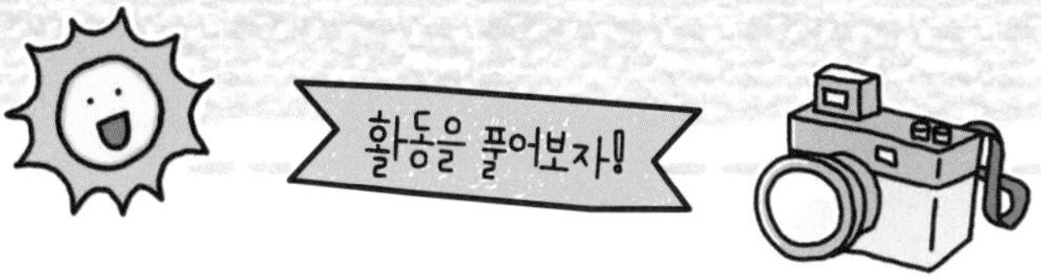

활동1. 수수께끼를 맞히고 답을 빈칸에 적어 보자. 정답 135쪽

5랑 2랑 0으로 어떤 게임을 했는데 이런 결과가 나왔어!
얘네들은 도대체 무슨 게임을 했을까?

손가락 개수를
떠올려 봐!

□□□□□

통합 : 학교에 가면

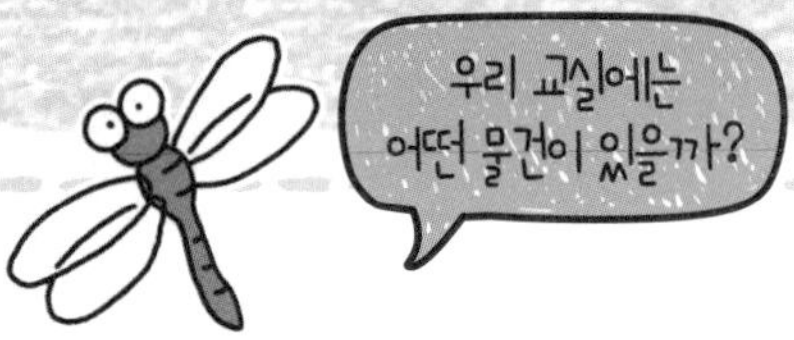
우리 교실에는
어떤 물건이 있을까?

바르게 따라 써보자.

교 실

문

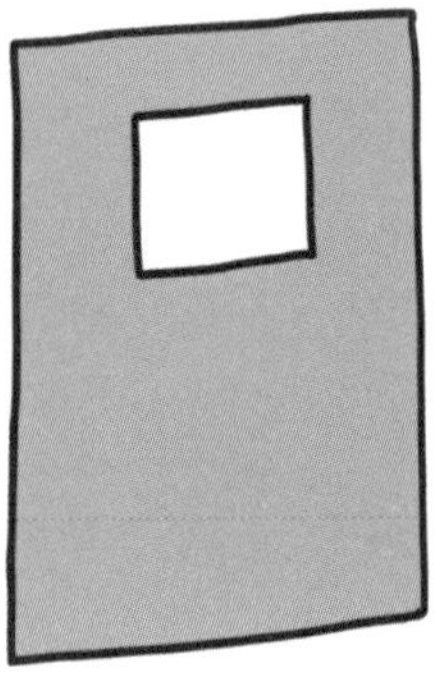

사 물 함

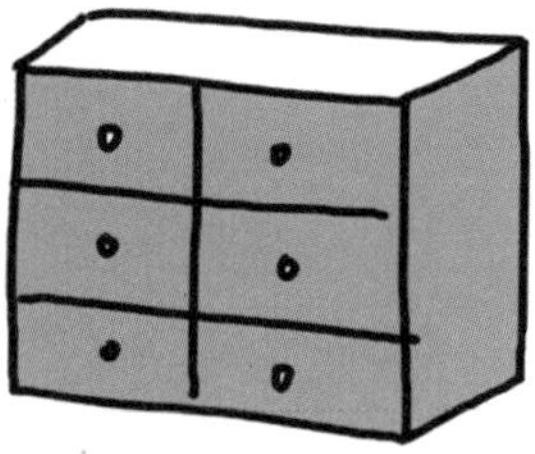

의 자

책 상

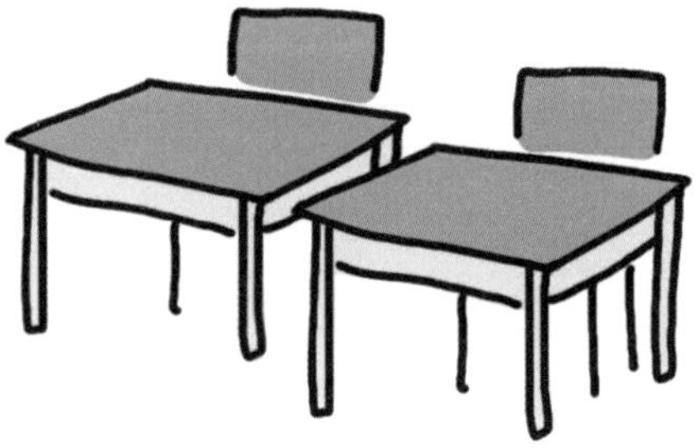

학 생

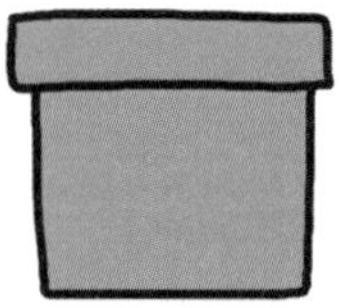

교 탁

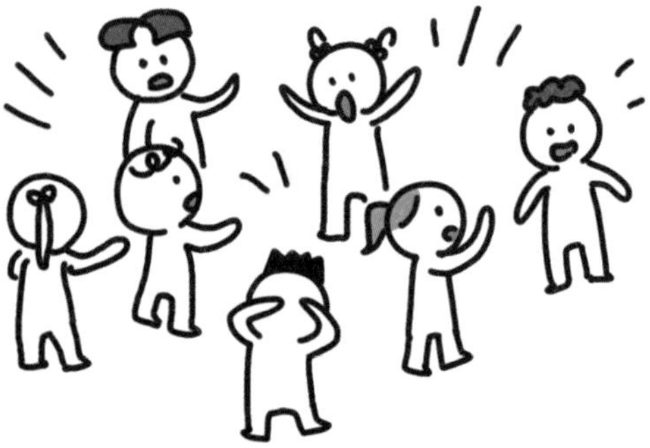

1

교실에는 다양한
물건들이 있어.

실내화 축구공 공책

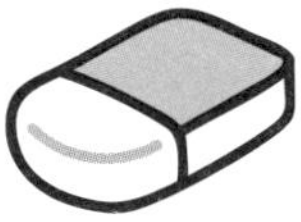

교과서 지우개 연필

학교 안에는
어떤 곳이 있을까?

2

학교에는 여러 장소가 있어.

과학실은 실험을 하는 장소야!

급식실에서는 밥을 먹지!

교무실은 선생님들의 공간이야.

교무실

과학실 급식실 교무실

보건실

아플 땐
망설이지 말고
보건실로 가.

활동을 풀어보자!

활동1. **자고 일어나니 뒤죽박죽 학교가 되어버렸어!**
길을 잃어버린 친구들을 도와줘!

정답 135쪽

수업을 들어야 하는데,
1학년 1반은 어디 갔지?
과학실
1-1
보건실
교장실
날 과학실로 안내하면
뒤죽박죽 학교를
원래대로 되돌려주지.
교장선생님께
이 사실을
알려야 해.

국어 : 매일매일 인사해요

상황에 맞는 인사말을 알아보자.

바르게 따라 써보자.

다 녀 오 겠 습 니 다 .

엄마,

안 녕 하 세 요 ?

선생님,

다 녀 왔 습 니 다 .

잘 먹겠습니다.

안녕히 주무세요.

상황에 맞는
인사말을 알아보자.

1

듣는 사람에 따라 인사 표현이 달라지기도 해.

고마워.

우와!

높임말

상대방을 존중할 때 쓰는 말이야.

고맙습니다.

어른들께는 높임말로 인사해.

활동을 풀어보자!

활동1. 학교나 집에서 인사 예절을 지키려면 상황에 어울리는 인사말을 주고받아야 해. 왼쪽의 상황과 오른쪽의 인사말을 보고, 각 상황에 알맞은 인사말을 선으로 이어보자.

정답 135쪽

1. 아침에 학교 갈 때
2. 급식을 받을 때
3. 몸이 아픈 친구를 찾아갔을 때
4. 생일인 친구를 축하할 때
5. 전학 온 친구를 처음 만났을 때
6. 할아버지 생신 잔치에 초대되었을 때

- 축하해, 친구야.
- 다녀오겠습니다.
- 할아버지, 생신을 축하드립니다.
- 반가워, 우리 학교에 온 걸 환영해.
- 감사합니다. 잘 먹겠습니다!
- 몸은 좀 괜찮아?

수학 : 덧셈과 뺄셈1

덧셈과 뺄셈을
알아보자.

바르게 따라 써보자.

나는 더하기야!

더하기

1 한 수에 다른 수를 더하는 덧셈.

덧셈

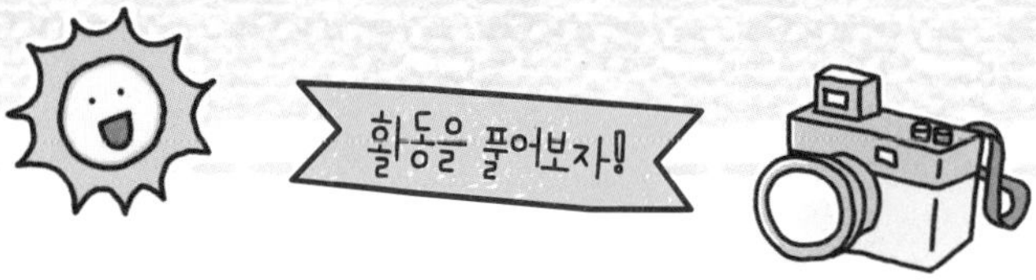

정답 135쪽

활동1. 할머니 집에는 동물 친구들이 많아. 덧셈해서 총 몇 마리인지 알아보자.

1. 할머니 집 강아지는 모두 마리
2. 할머니 집 고양이는 모두 마리
3. 할머니 집 동물은 모두 마리

활동2. 아래의 예시를 보고 주어진 활동의 정답을 맞혀보자!

예

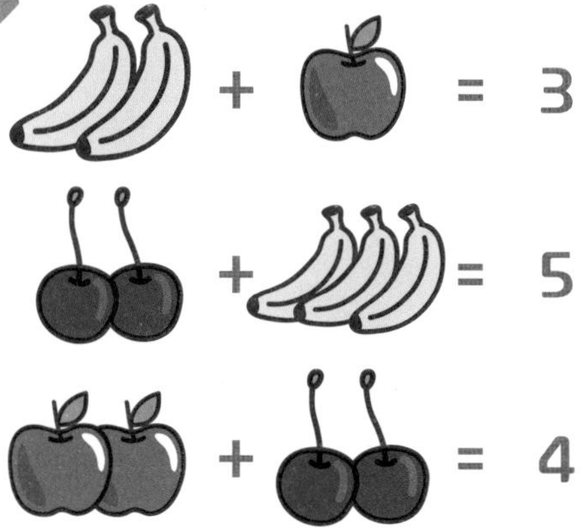

활동

물음표에 알맞은 숫자는?

답 ____________

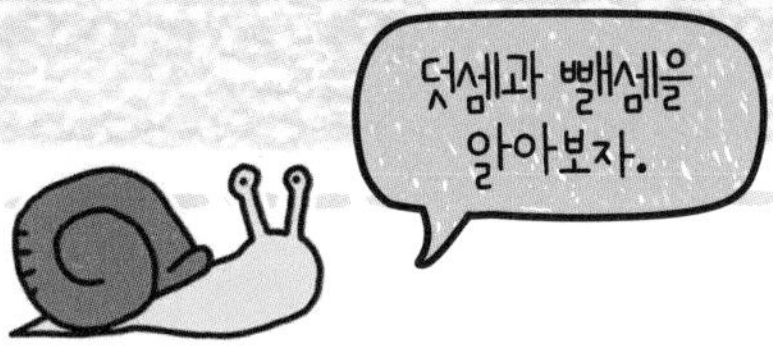
덧셈과 뺄셈을 알아보자.

빼기

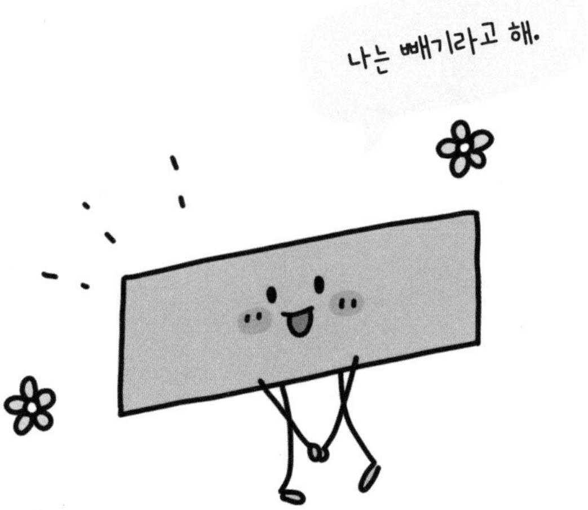
나는 빼기라고 해.

2

어떤 수에서 다른 수만큼 빼는 뺄셈.

뺄셈

활동을 풀어보자!

활동3. 덧셈과 뺄셈으로 다음 질문에 답해보자!

정답 135쪽

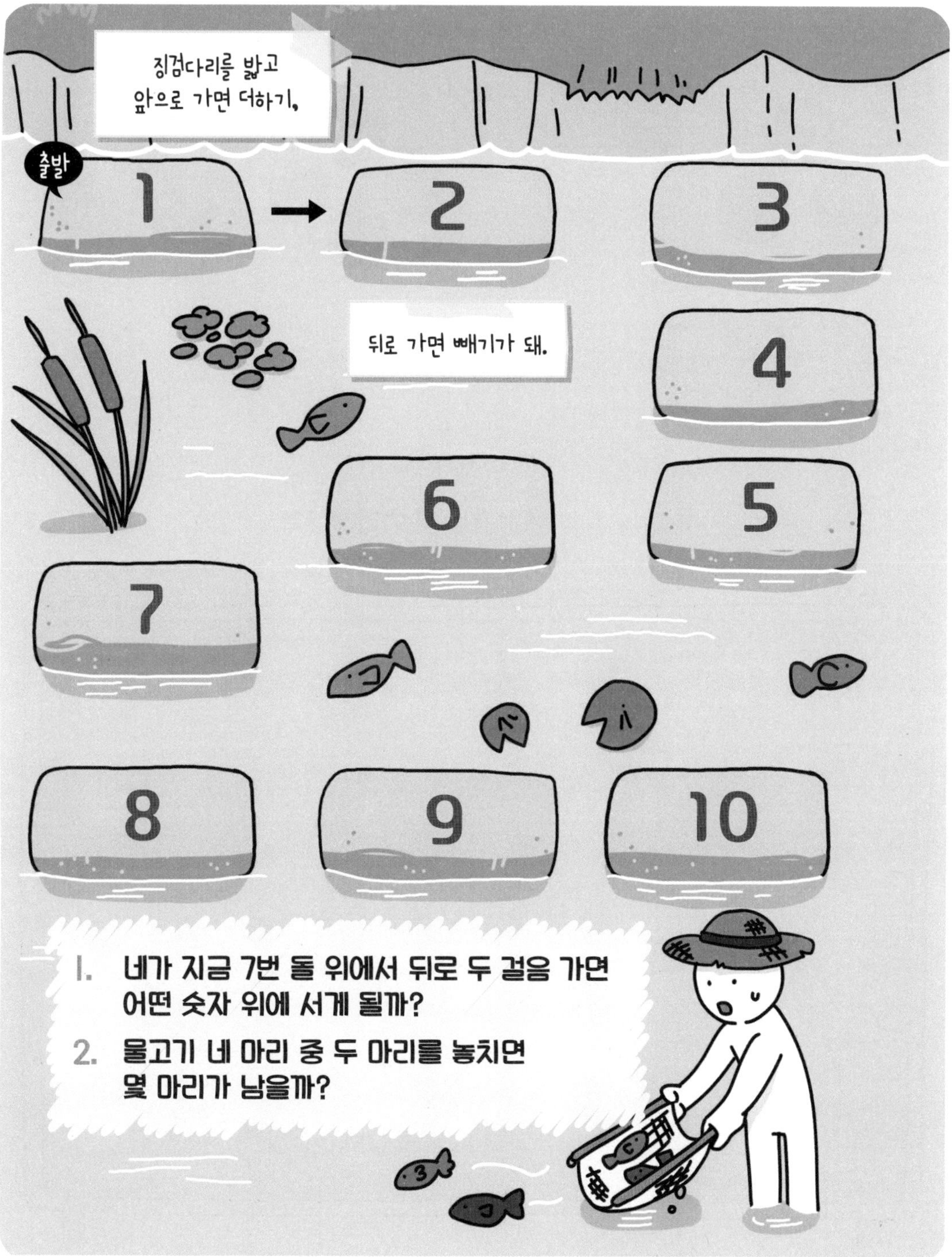

1. 네가 지금 7번 돌 위에서 뒤로 두 걸음 가면 어떤 숫자 위에 서게 될까?
2. 물고기 네 마리 중 두 마리를 놓치면 몇 마리가 남을까?

덧셈과 뺄셈을
알아보자.

활동4. 그림을 참고해서 빈칸에 알맞은 숫자를 써보자. 정답 135쪽

1.

3 + 2 = □

5 - 2 = □

2.

7 - 3 = □

4 + 3 = □

활동5. 식을 계산하여 값이 같은 것끼리 서로 연결해보자. 정답 136쪽

7 - 3 = □ •	• 5 - 2 = □
5 + 4 = □ •	• 2 + 7 = □
8 - 5 = □ •	• 3 + 2 = □
9 + 1 = □ •	• 5 - 1 = □
1 + 4 = □ •	• 8 + 2 = □

활동6. 각 모양에 덧셈식과 뺄셈식이 들어있어. 아래 지시문대로 각 모양에 주어진 색으로 아래 그림을 색칠해보자. 무슨 그림이 보여?

식의 값이 4, 5가 나오면 빨간색

식의 값이 9가 나오면 초록색

* 4, 5, 9 외의 다른 값이 나왔다면 하얀색으로 남겨둬!

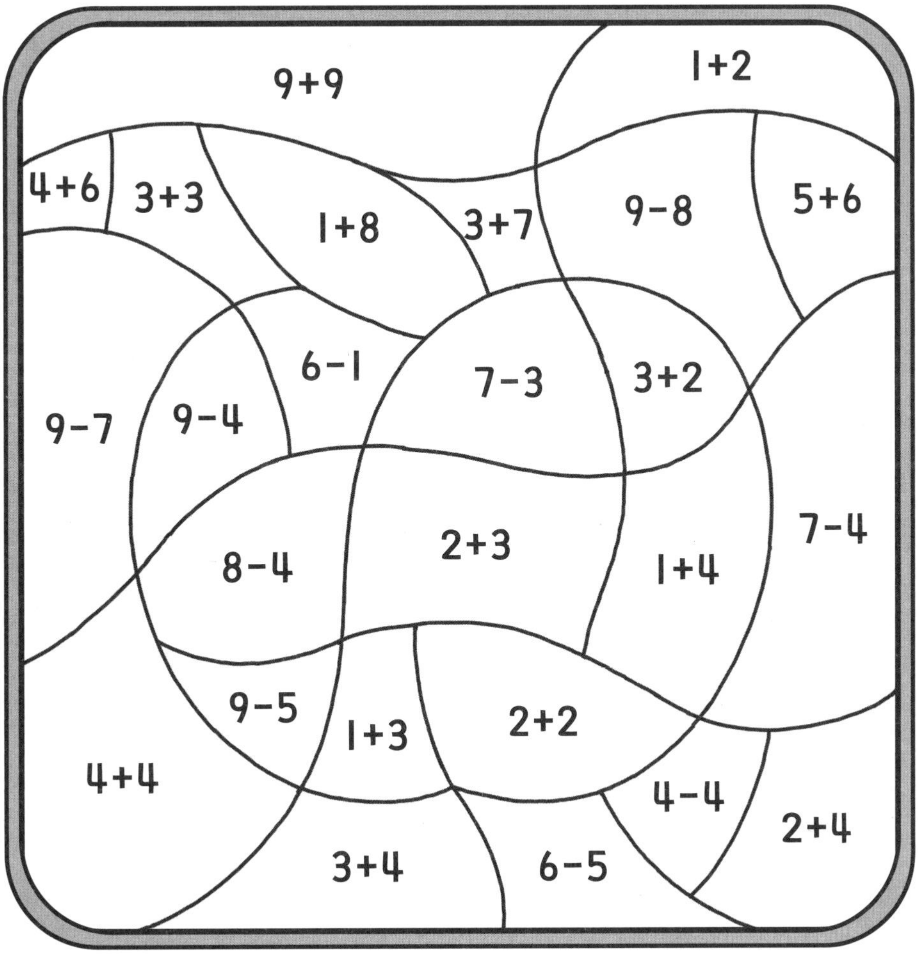

답 ____________

통합 : 아름다운 사계절

사계절에 대해 알아보자!

바르게 따라 써보자.

1

봄, 여름, 가을, 겨울! 우리나라는 사계절이 뚜렷해.

사 계 절

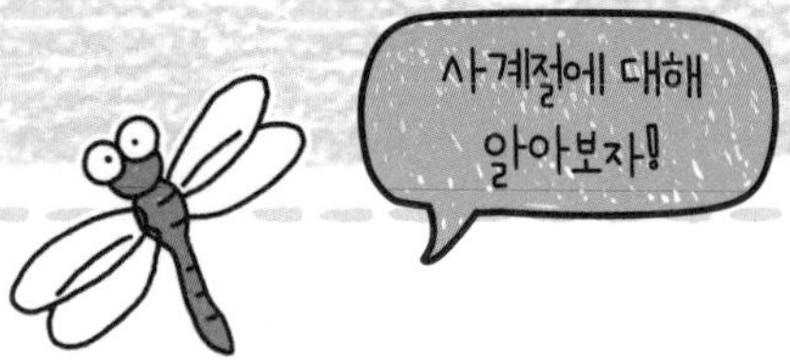
사계절에 대해
알아보자!

2

봄은 개구리가 긴 잠에서 깨어나며

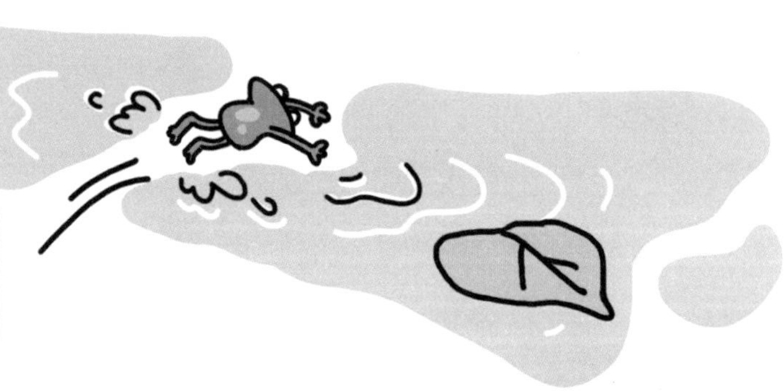

개구리

3

새로운 시작을 알리는 계절이야.

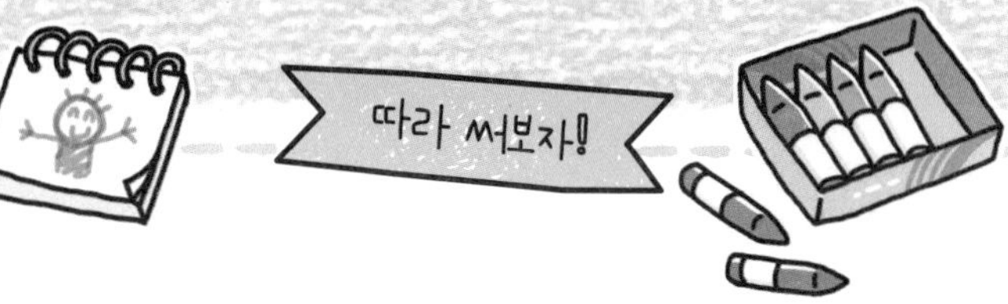
따라 써보자!

4 봄에는 새로운 학기가 시작되고,

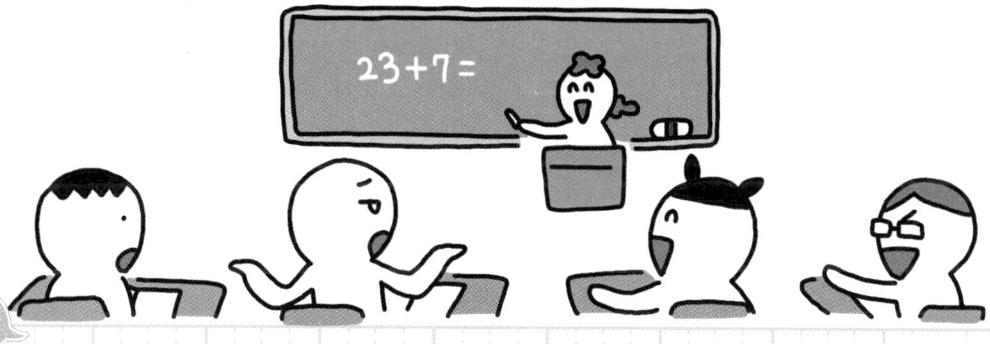
23+7=

5 새 친구들도 만날 수 있어.

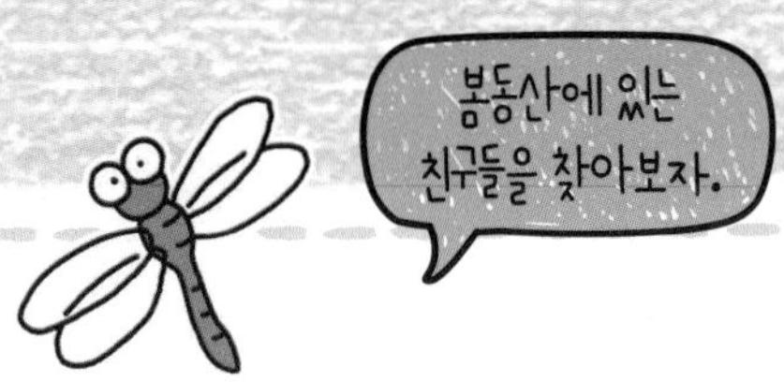
봉동산에 있는
친구들을 찾아보자.

6

간식을 챙겨 친구들과 함께 나들이를 가기도 하지.

나들이

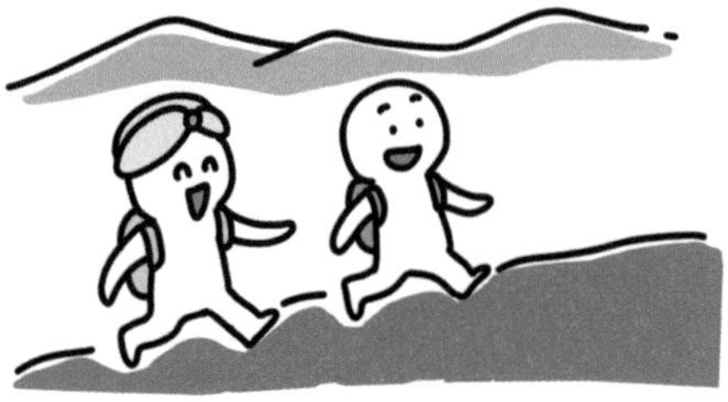

벚 꽃

새 싹

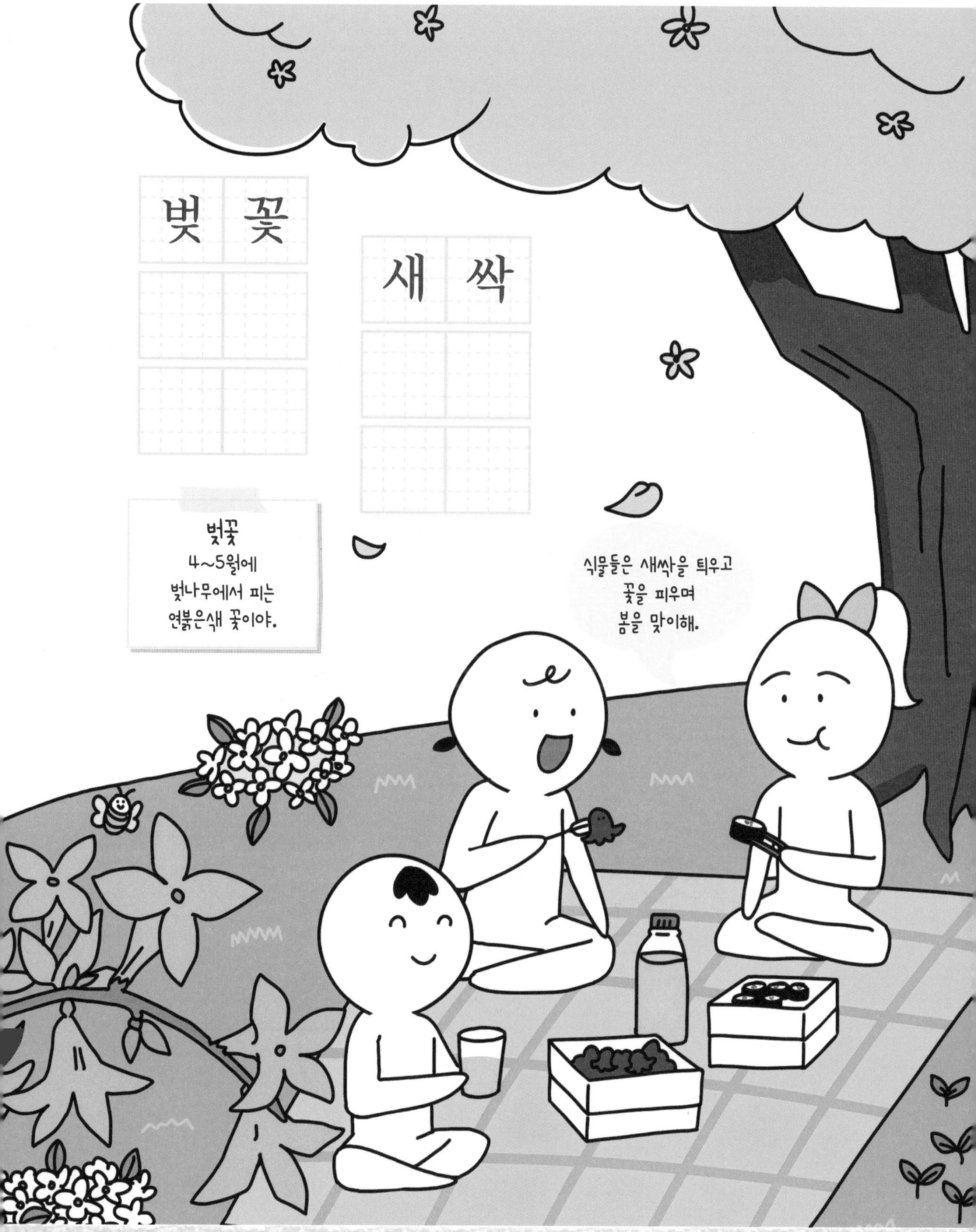
식물들은 새싹을 틔우고
꽃을 피우며
봄을 맞이해.

벚꽃
4~5월에
벚나무에서 피는
연붉은색 꽃이야.

국어 : 받침이 있는 글자

받침이 뭘까?

바르게 따라 써보자.

나는 비읍, 자음이야.
나는 아, 모음이고. 앞에서 소개했지?
그럼, 우리는 누굴까?
우리는 그냥 자음이 아니야. 자음과 모음 아래에 있기 때문에 우리는 '받침'이야.

자꾸 여기 안지 마세요.
제 자리예요.
자리도 만은데
다른 자리 찾아보세요.
저런, 받침이 엉망이네. 틀린 받침을 찾아 동그라미하고, 한번 고쳐볼까?

정답 136쪽

1 보통 자음은 모음 앞에 있지만

받침

자음이 모음 아래
있을 때 부르는 말이야.

2 글자를 받쳐줄 땐 모음 아래에 있어.

받침이 뭘까?

3

자음 두 개로 만든 받침을 겹받침이라고 해.

앉

겹받침

서로 다른 두 개의 자음으로 이루어진 받침을 말해.

겹받침

따라 써보자!

ㄳ ㄵ ㄶ

넋두리 앉다 많다

불평을 혼잣말처럼 하소연 하는 것.

ㄺ ㄻ ㄼ

읽다 닮다 밟다

ㄽ ㄾ ㄿ

물곬 핥다 읊다

물이 흘러 빠져나가는 작은 도랑.

소리를 내어 시를 읽거나 외다.

ㅀ ㅄ

잃다 없다

수리수리 마수리~얍!!

수학 : 비교

다른 점을
비교해보자.

활동1. **바르게 따라 쓰고, 반대되는 말끼리 이어보자.** 정답 136쪽

높다 · · 적다

많다 · · 작다

길다 · · 짧다

크다 · · 낮다

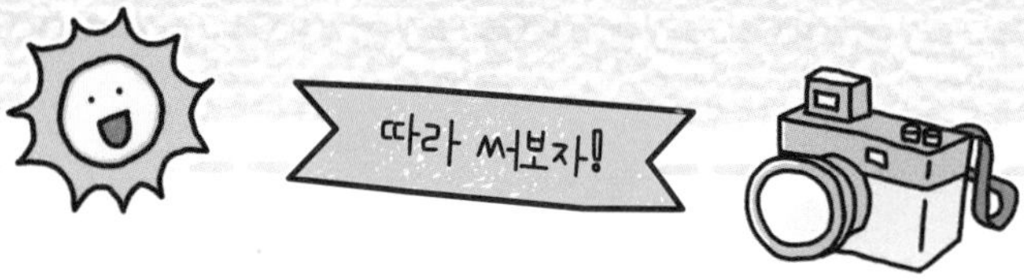
따라 써보자!

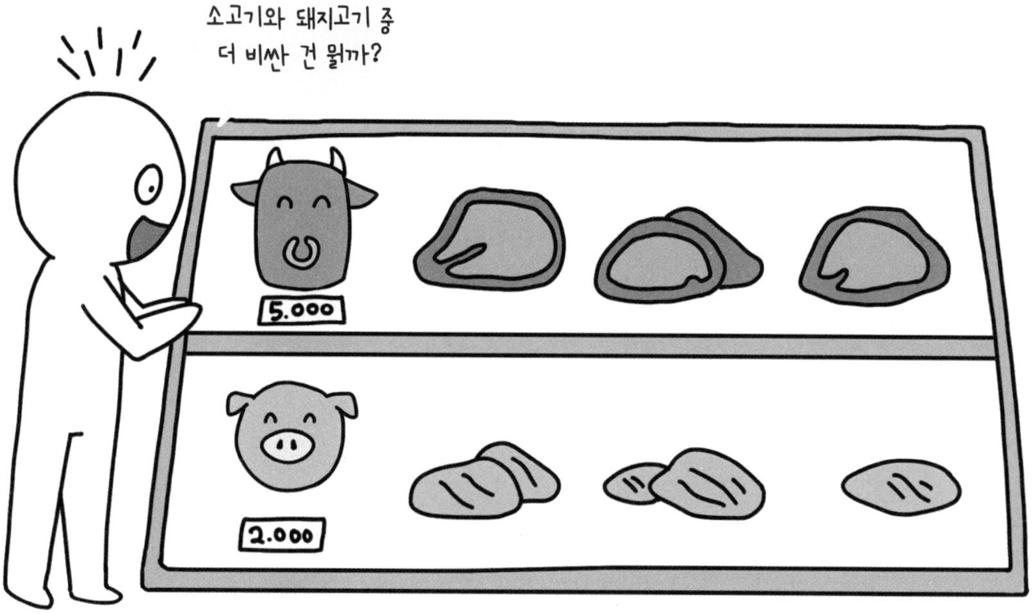
소고기와 돼지고기 중
더 비싼 건 뭘까?
5.000
2.000

1

비교하면 다른 점을 알 수 있어.

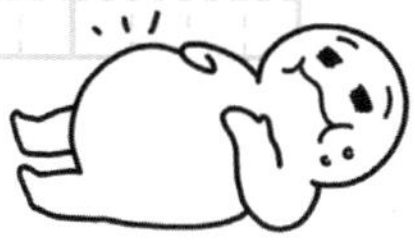

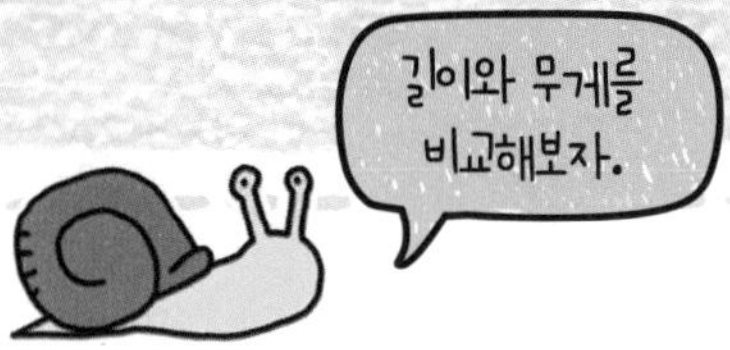
길이와 무게를
비교해보자.

길 이

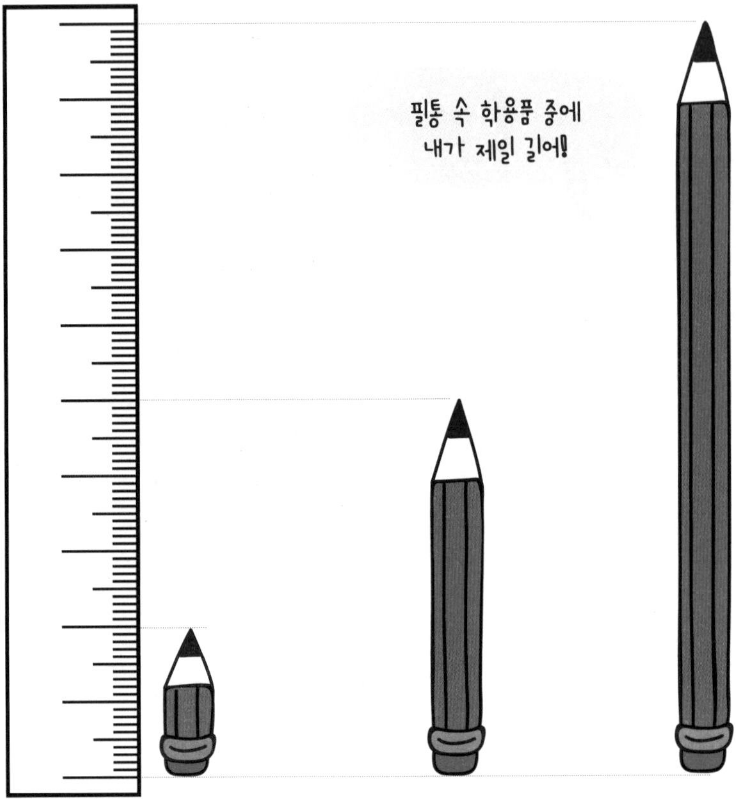
필통 속 학용품 중에
내가 제일 길어!

2

자로 물건의 길이를 잴 수 있고,

따라 써보자!

무게

사과와 바나나 중
무엇이 더 무거울까?

3

저울로 물건의 무게를 잴 수 있어.

통합 : 가족

바르게 따라 써보자.

할아버지

외할머니

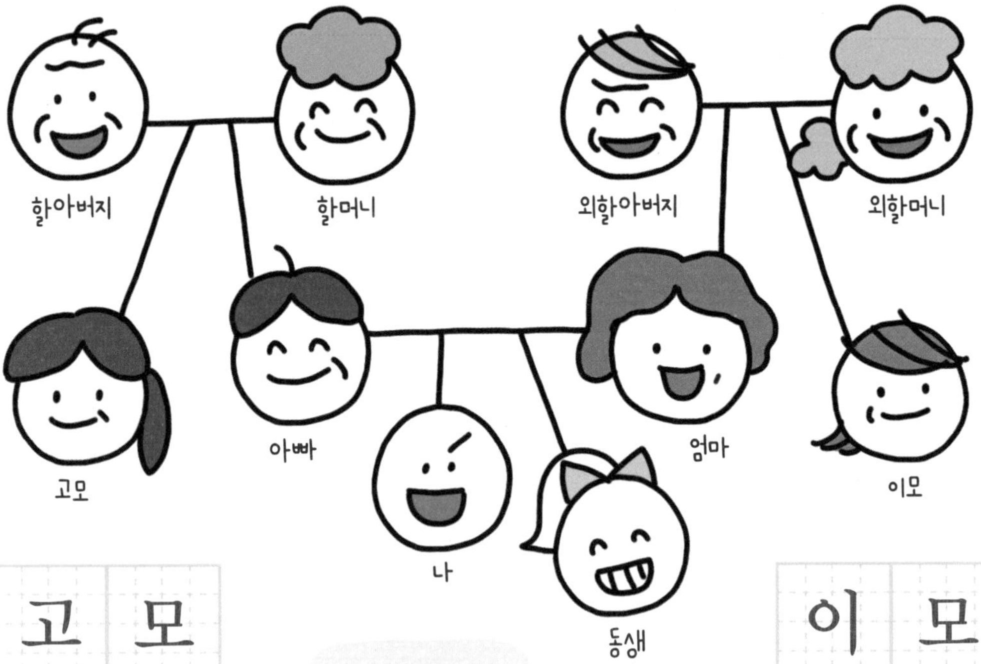

고모

이모

따라 써보자!

1

나와 동생이 형제인 것처럼 엄마와 이모도 형제야.

아빠의 부모님은 친할아버지, 친할머니,
엄마의 부모님은 외할아버지, 외할머니라고 불러.

하지만 실제로는 친할아버지, 친할머니
그리고 외할아버지, 외할머니 모두
그냥 할아버지, 할머니라고 부르지.

엄마, 아빠의 가족은
뭐라고 부를까?

2

아빠의 여자 형제는 고모, 남자 형제는 삼촌이야.

형제

삼촌

형제

형과 남동생의 관계를 이르는 말이지만 형제와 자매, 남매를 통틀어 '형제'라고 부르기도 해.

따라 써보자!

아빠네 가족은 친가라고 불러.

엄마네 가족은 외가라고 불러.

3

할아버지, 할머니,
고모, 이모, 삼촌
모두 가족이야.

국어 : 문장을 만들어요

빈칸에 나를 소개하고 바르게 따라 써보자.

이	름	생	일	별	명	가	족

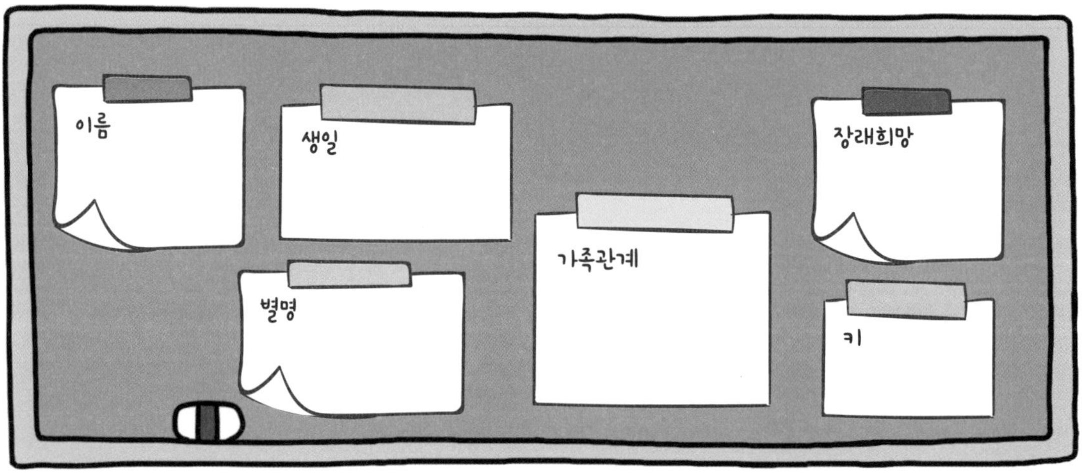

장	래	희	망	키

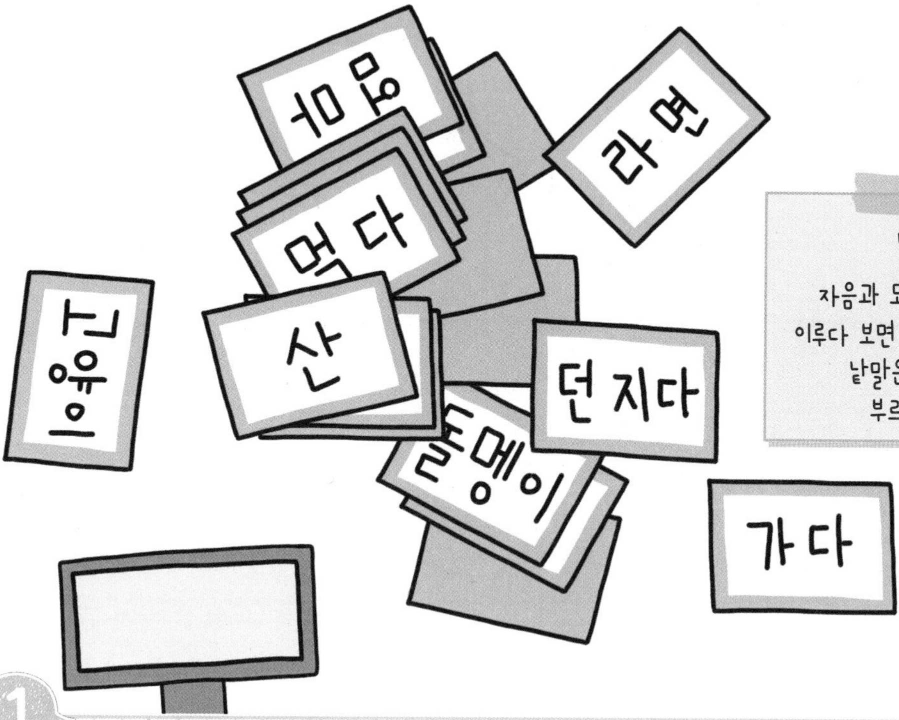

낱말

자음과 모음이 모여 뜻을 이루다 보면 낱말이 만들어져. 낱말은 단어라고 부르기도 해.

1

질문에 답을 쓰는 건 어렵지 않아.

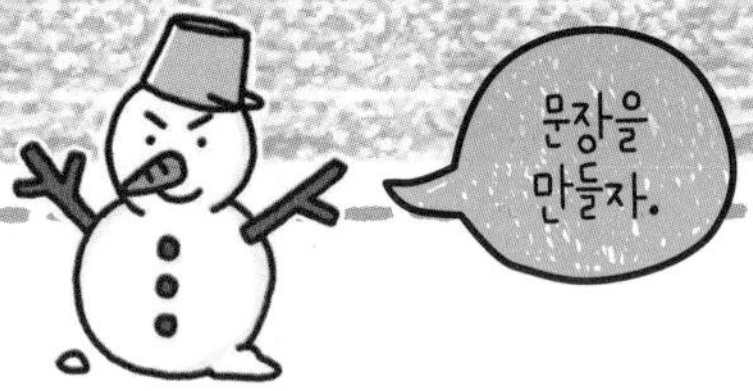
문장을
만들자.

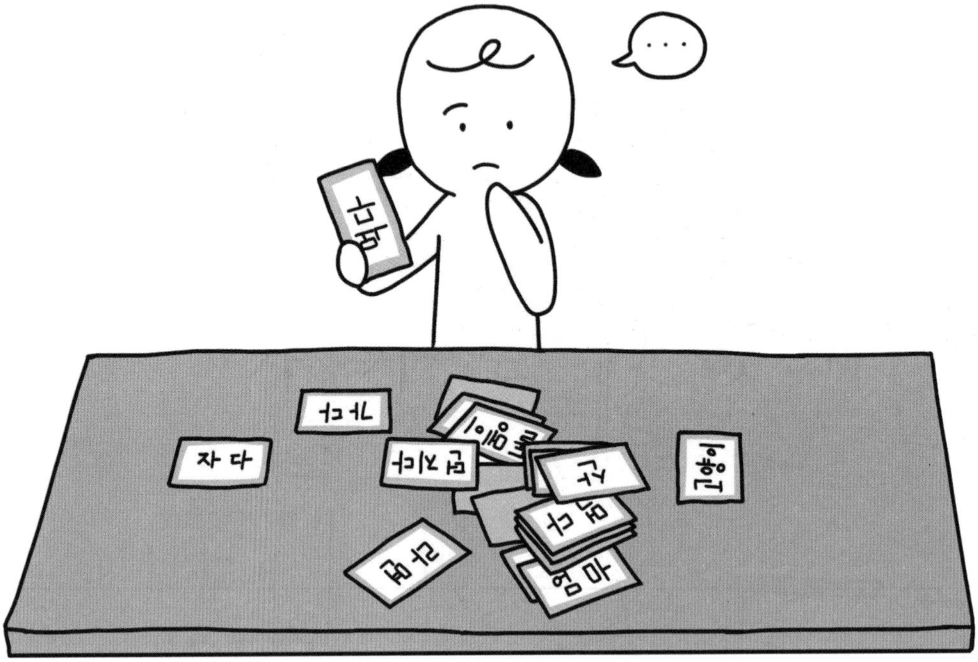
자 다

2

하지만 내 생각을 표현하려면 간단한 단어로는 부족해.

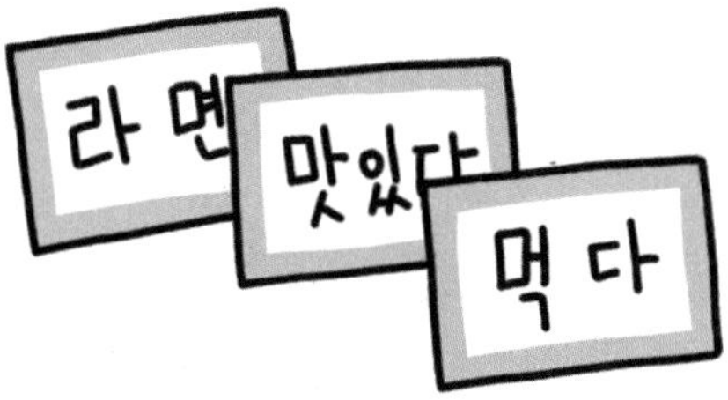

단어를 자리에 알맞게 넣으면
긴 의미를 전할 수 있는 문장이 돼.

라면을 맛있게 먹었다

3

그래서 정확하게
쓴 문장이 필요해.

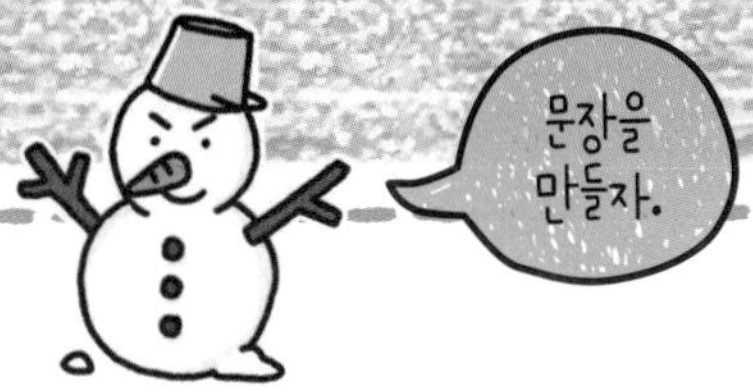
문장을
만들자.

활동1. 아래 그림들을 보고 따라 써보자.

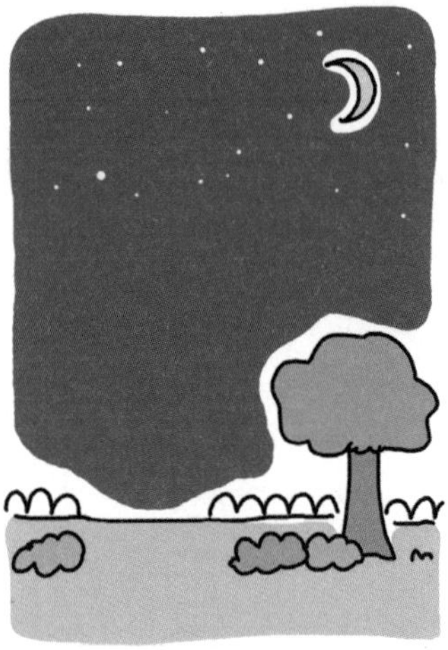

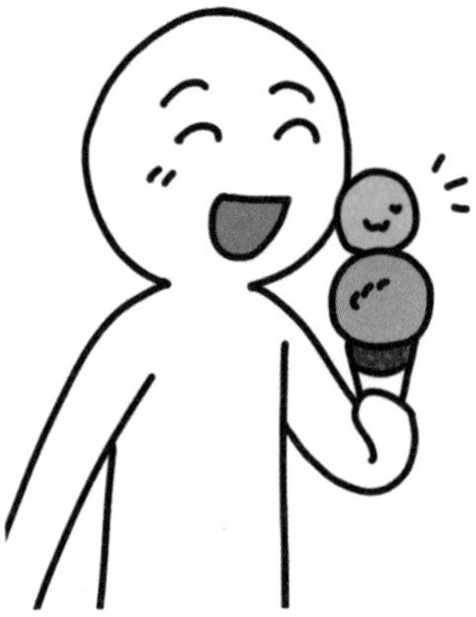

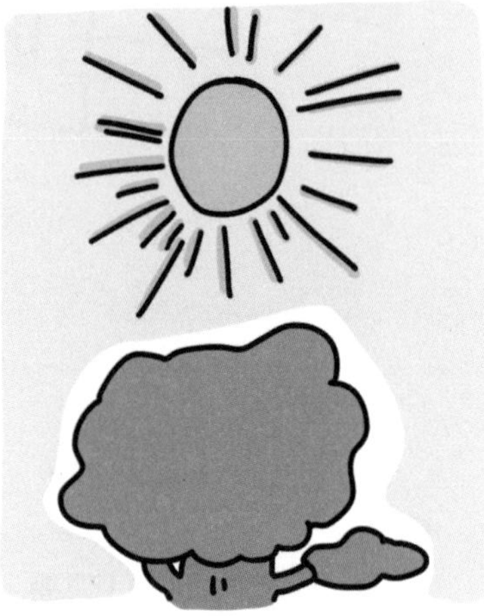

하늘에 달이 떴어.

아이스크림을 먹자.

나무 위로 뜬 해.

활동을 풀어보자!

활동2. 주어진 단어들로 문장을 만들어 보자. 정답 136쪽

1. 선생님 / 수영하다 / 아침

2. 방과후 / 게임하다 / 친구

활동3. 보기의 단어를 알맞은 칸에 넣어 문장을 완성해보자.

마스크 사과 소설책 학교

1. 자기 전에 ______ 을 읽었다.

2. 나는 매일 아침 ______ 에 간다.

수학 : 50까지의 수

50처럼 커다란 수는
어떻게 읽을까?

바르게 따라 써보자.

빨간 블록은
모두 10개야~
나머지 블록은
6개!

십	육	열	여	섯

10이 넘어가는 숫자는
10개씩 묶어준 뒤, 나머지를
낱개로 세어 나타낼 수 있어!

10개 한 묶음은 십 또는 열로 읽고,
낱개는 육 또는 여섯으로 읽지.

따라 써보자!

십일 열하나

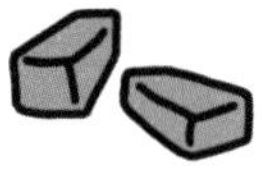

십이 열둘

십삼 열셋

십사 열넷

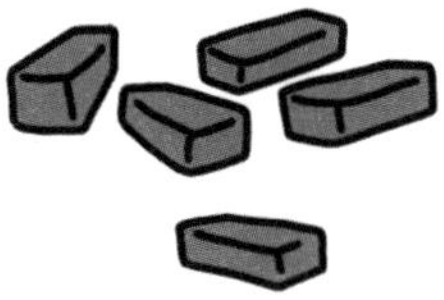

십오 열다섯

50처럼 커다란 수는
어떻게 읽을까?

굴비 20마리를
세는 단위는
한 '두름'이라고 말해!

이	십	스	물

삼	십	서	른

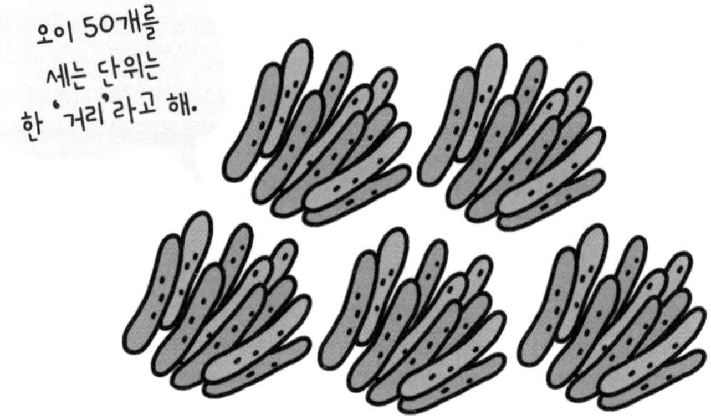
오이 50개를
세는 단위는
한 '거리'라고 해.

사	십	마	흔

오	십	쉰

따라 써보자!

1

10개씩 두 묶음과 낱개 3개를 합치면 뭐라고 할까?

이십삼 스물셋

0이 숨어버려서
이십+삼 또는
스물+셋 이라고 읽어.

통합 : 여름방학

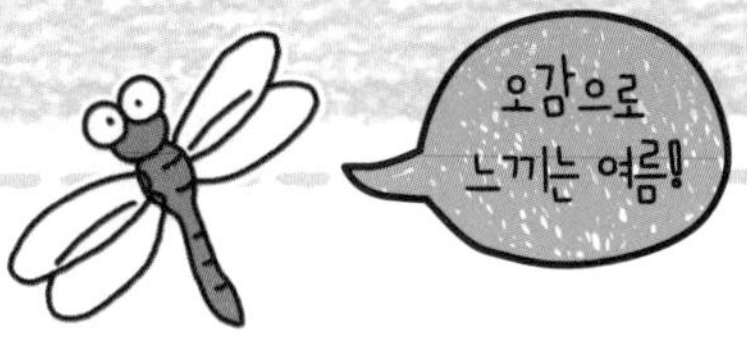
오감으로
느끼는 여름!

바르게 따라 써보자.

여	름				

1

이	제		곧
설	레	는	
여	름	방	학.

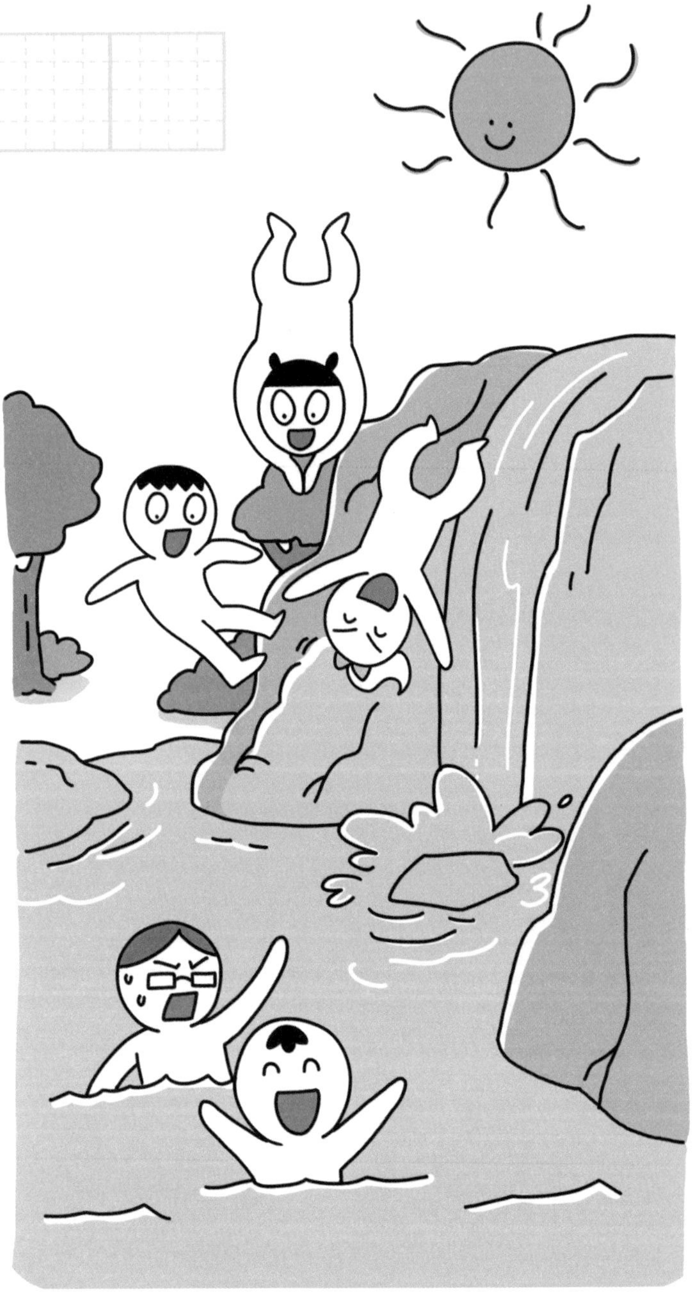

청각
소리를 들으며 느끼는
감각을 말해.

2

낮에는 매앰매앰
매미 소리 울리고

3

밤에는 애앵애앵
모깃소리 들린다.

오감으로
느끼는 여름!

4

바람에 휘날리는
나뭇잎 냄새,

5

비 온 뒤 풍기
는 젖은 흙냄새.

후각
냄새를 맡으며 느끼는
감각을 말해.

따라 써보자!

미각
맛을 보며 느끼는 감각을 말해.

6

시원한 수박을 먹고, 달콤한 주스도 마시면 무더위가 달아나 버릴 거야.

수박 주스

오감으로
느끼는 여름!

7

뜨거운 햇볕에 그을린 까만 피부.

8

차가운 비가 그치면 일곱 빛깔 무지개가 보여.

촉각

손으로 만져가며 느끼는 감각을 말해.

9

우리의 여름방학은 분명 멋질 거야.

시각
눈으로 보며 느끼는 감각을 말해.

활동1. 여름철 건강을 지키는 올바른 방법과 그렇지 않은 방법을 알아볼까?

낮에는 야외활동을 피해요.

가벼운 옷을 입어요.

물을 자주 마셔요.

아이스크림은 적당히 먹어요.

유통 기한을 확인해요.

운동장을 계속 뛰어요.

내복을 입어요.

땀을 많이 흘려요.

아이스크림을 계속 먹어요.

음식에서 시큼한 냄새가 나도 먹어요.

활동을 풀어보자!

활동2. 직접 여름을 표현해봐!

내가 들었던 여름은 ~

맴맴 우는 매미 소리와 첨벙첨벙 물소리가 가득했어.

내가 보았던 여름은 ~

내가 맡았던 여름은 ~

내가 맛보았던 여름은 ~

내가 만졌던 여름은 ~

2 학기

국어 : 책을 읽어요

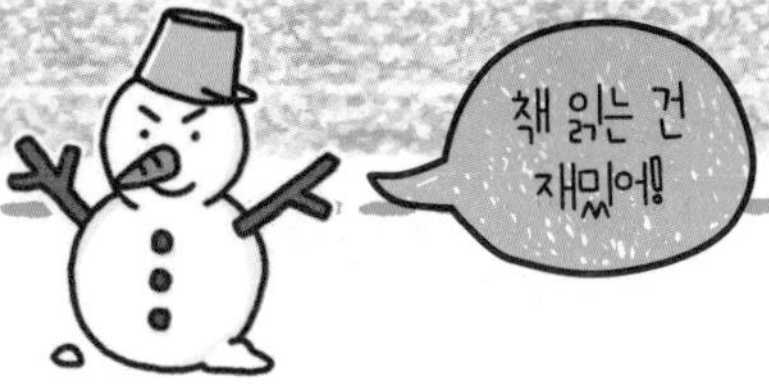
책 읽는 건 재밌어!

바르게 따라 써보자.

동	화	만	화	소	설	동	시

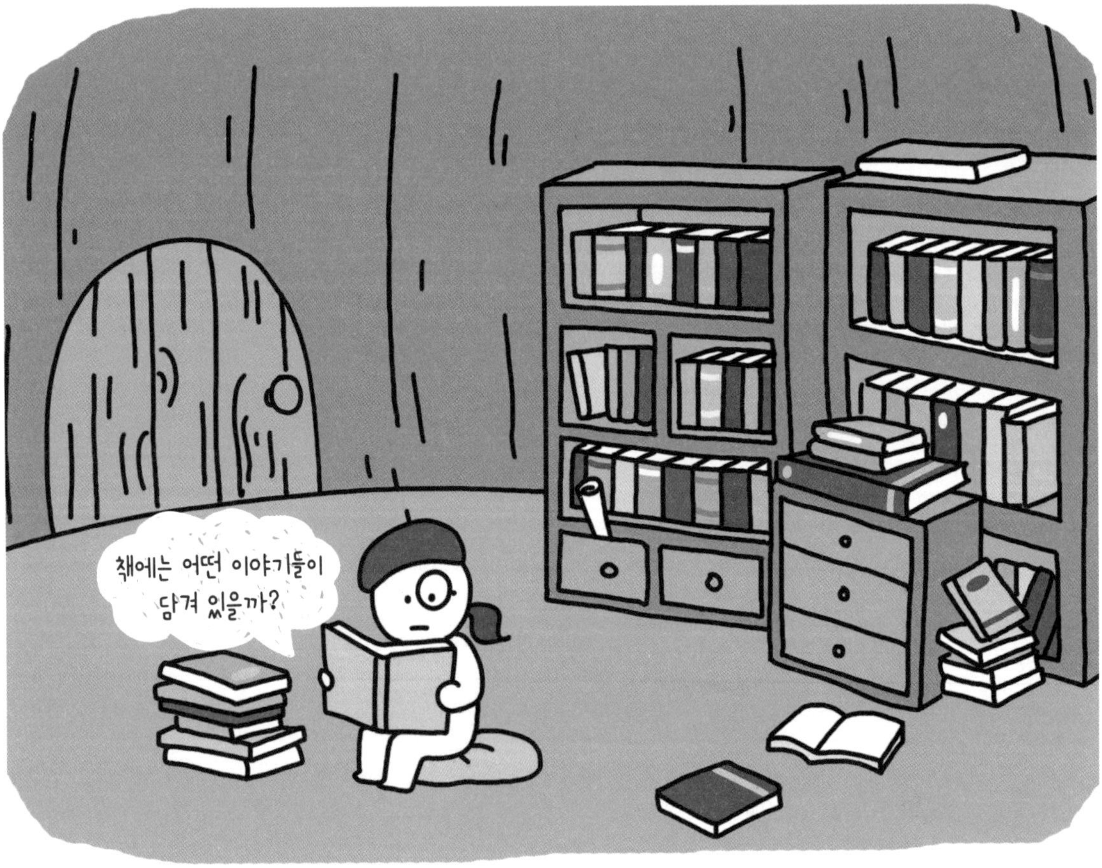
책에는 어떤 이야기들이 담겨 있을까?

1

독서를 하면 생각이 깊어지고 표현력도 풍부해져.

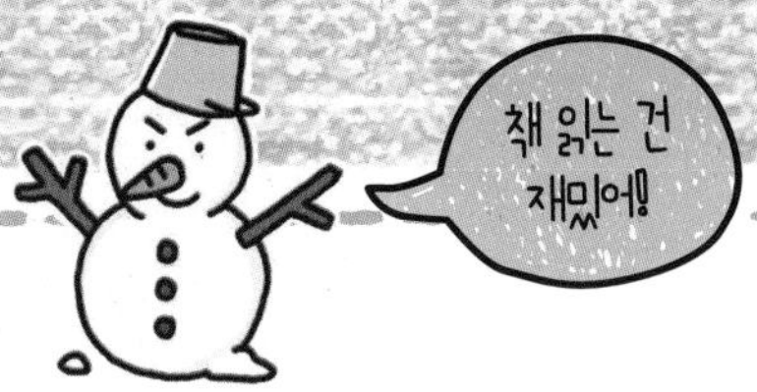
책 읽는 건
재밌어!

2

같은 책을 읽어도 사람마다 다른 생각을 하지.

생각

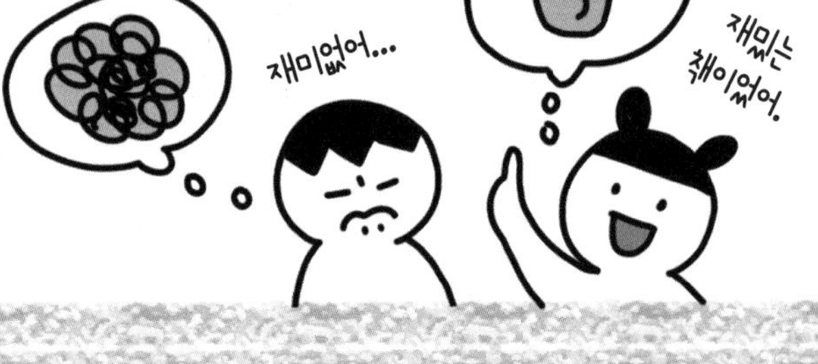
재미없어...
재밌는 책이 없어.

따라 써보자!

3

책을 읽고, 내 생각을 독후감으로 적어보자.

독후감

책을 읽고 난 다음 생각과 느낌을 적은 글을 말해.

읽고 난 뒤의
생각을 글로 적으면
그게 바로 독후감이야.

수학 : 짝수와 홀수

바르게 따라 써보자.

홀	수	짝	수

반 친구들에게
우유를 나누어줘야 하는데
개수가 맞는지
짝을 지어볼까?

어라?
우유가 하나 남네?

우리는 두 명씩
짝이 맞아!

1

짝을 지었을 때
짝이 맞으면 짝수,

2

짝이 맞지 않으면
홀수야.

우유는 하나가
남으니까 홀수구나!

빨간색 숫자들은
모두 홀수야.

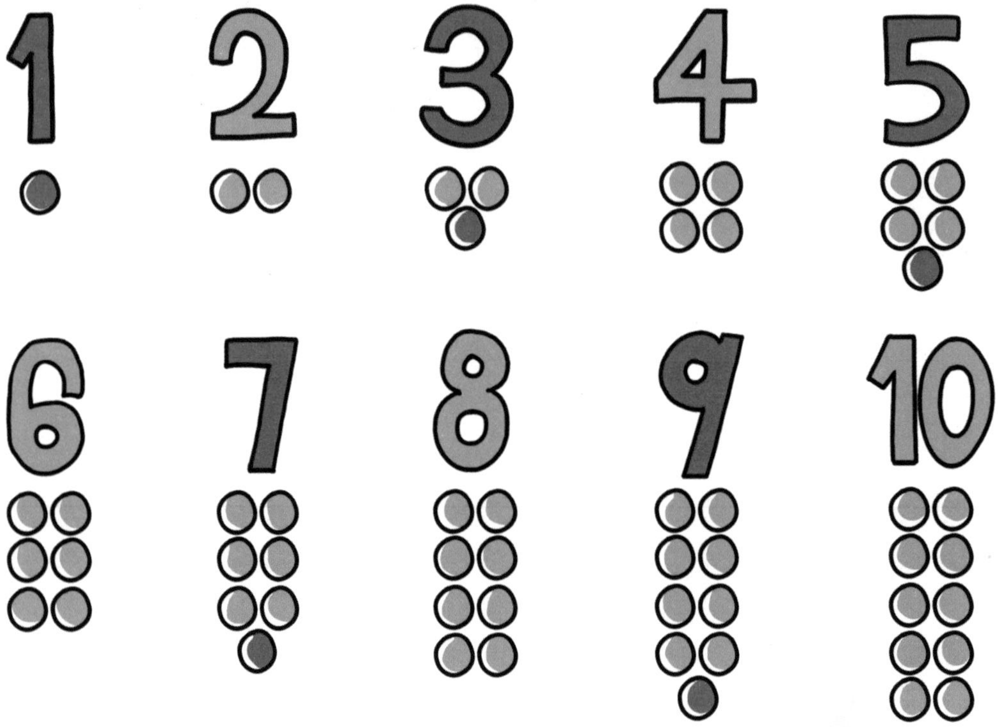

10을 생각해보면 0은
짝수라는 것을 알 수 있어.

3

숫자는 짝수와 홀수가 반복돼.

4

아무리 큰 숫자라도 일의 자릿수가 짝수면 짝수야.

5

끝이 홀수면 홀수가 되는 거지.

짝수와
홀수가 뭘까?

활동1. **문제의 답을 쓰고, 짝수와 홀수 중 알맞은 말에 동그라미 해보자.** 정답 137쪽

1\.
그림에서
사람은 모두 몇 명일까?

_______명 (짝수, 홀수)

2\.
고양이의 발은
몇 개일까?

_______개 (짝수, 홀수)

3\.
그림에서
손가락의 개수는?

_______개 (짝수, 홀수)

4\.
그림에서
계란은 모두 몇 알일까?

_______알 (짝수, 홀수)

활동2. **캔디를 두 개씩 짝지어 보자. 그다음 총 몇 개인지 써보고, 짝수와 홀수 중 알맞은 말에 동그라미 해보자.**

1\.

_______개 (짝수, 홀수)

2\.

_______개 (짝수, 홀수)

3\.

_______개 (짝수, 홀수)

4\.

_______개 (짝수, 홀수)

활동을 풀어보자!

활동3. 표에서 짝수에 색칠한 뒤, 보이는 글자를 써보자.

12	16	20	2	24
13	7	5	17	4
19	11	14	3	22
1	23	18	15	21
6	28	26	10	8

16	6	20	9	10
19	1	12	17	18
15	27	8	3	22
5	13	24	25	4
21	7	2	11	14

답 ____________

활동4. 홀수인 일자에는 아빠가, 짝수인 일자에는 엄마가 설거지를 하기로 했어!
아빠는 3월에 며칠간 설거지를 하게 될까?

3
MARCH

일	월	화	수	목	금	토
	1	2	3	4	5	6
7	8	9	10	11	12	13
14	15	16	17	18	19	20
21	22	23	24	25	26	27
28	29	30	31			

답 ____________

통합 : 내 이웃 이야기

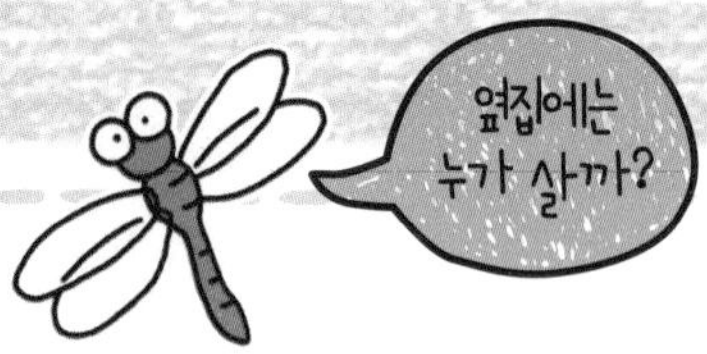
옆집에는
누가 살까?

바르게 따라 써보자.

1

우리가 사는 곳
가까이에는 늘 이
웃들이 함께해.

이웃

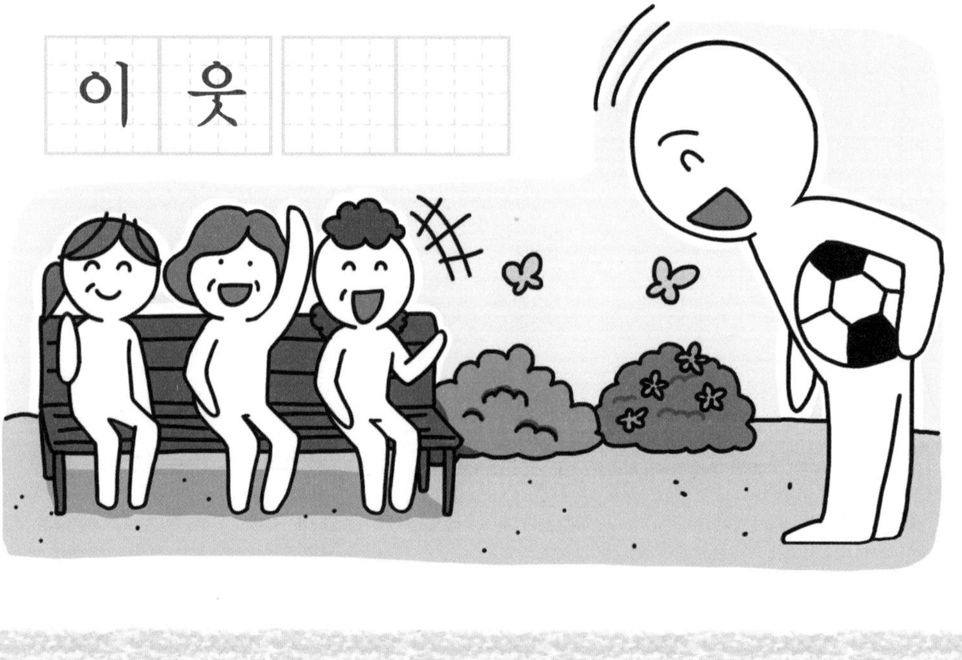

따라 써보자!

2

이웃은 좋은 일을 함께 나누고,

3

어려운 일이 생겼을 때 서로 돕기도 해.

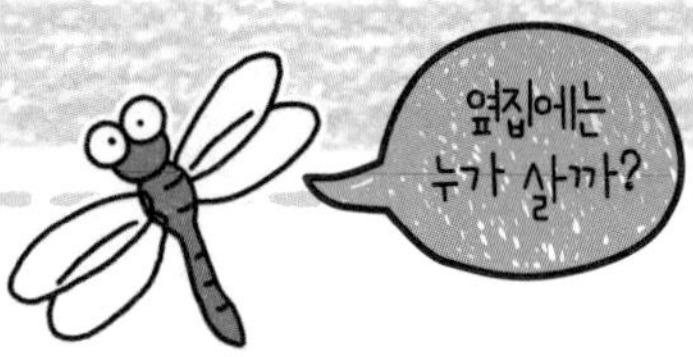
옆집에는
누가 살까?

4

하지만 요즘엔 이웃과의 교류도 줄어들고,

5

층간 소음 문제로 이웃과 다투기도 해.

6

그러니 평소에 이웃을 배려하고, 사이좋게 지내자.

옆집에는
누가 살까?

활동1. 일상생활에서 마주치는 우리의 이웃들! 어려움에 처한 이웃을 만났을 때, 바른 행동과 바르지 못한 행동을 O, X로 표시해보자! 정답 137쪽

1. 아랫집 동생이
넘어져 울고 있을 때
나는 재빨리 지나가요.

2. 비를 맞은 짝꿍이
혼자 걸어가고 있을 때
나는 우산을 함께 써요.

3. 발목을 다친 아저씨가
버스에서 휘청이실 때
나는 자리를 양보해드려요.

4. 키가 작은 동생이
버튼을 못 누를 때
나는 키가 작다고 놀려요.

5. 친구가 다쳤을 때
나는 친구를 달래주고
선생님을 불러요.

6. 옆집 할머니께서
물건을 떨어뜨리셨을 때
나는 물건을 주워 달아나요.

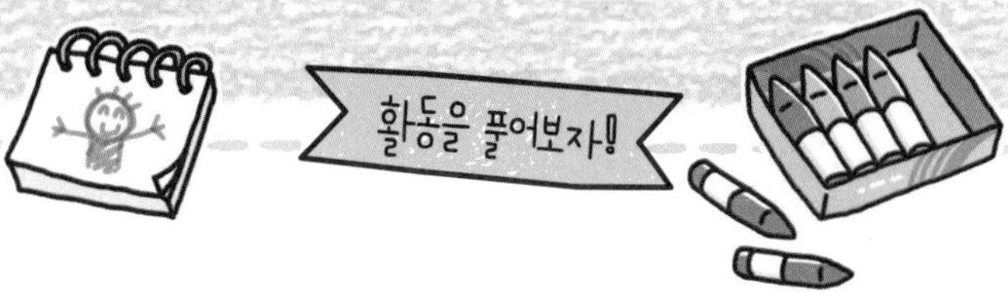
활동을 풀어보자!

활동2. 윗집 동생도 이웃이고, 집 앞 문구점 아주머니도 이웃이야.
내 이웃을 떠올려 보고, 그림과 함께 소개해보자!

(　　　)의 이웃을 소개합니다.
내 친구 예찬이

국어 : 일기를 써요

바르게 따라 써보자.

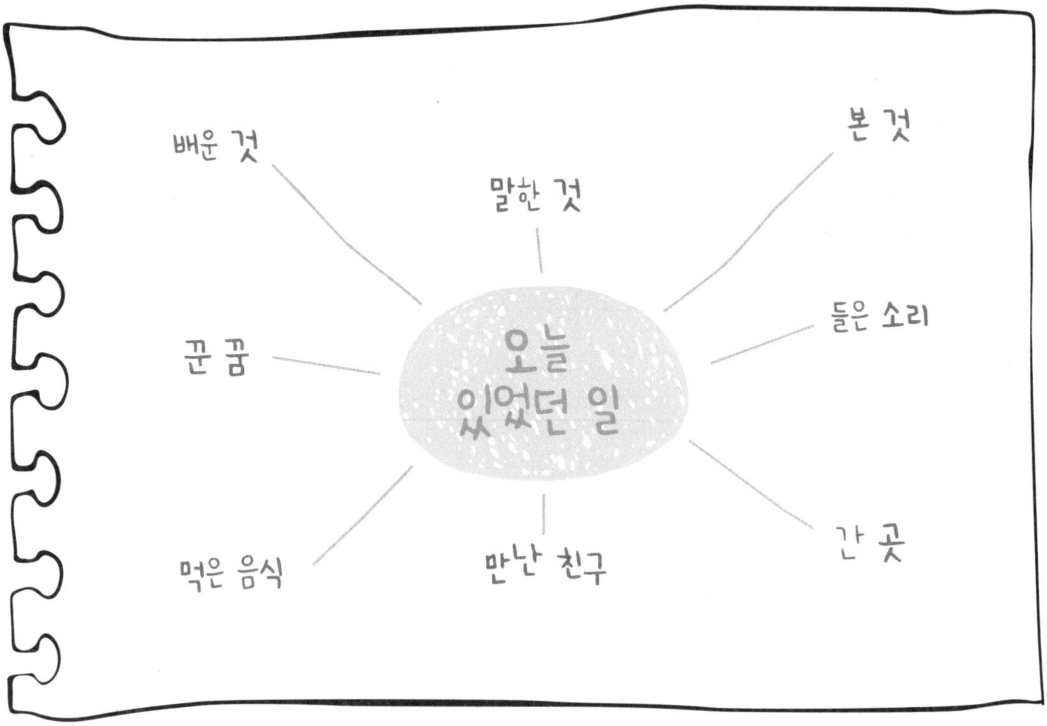

1 오늘 있었던 일을 일기로 적어보자.

간 곳

공	원

본 것

낙	엽

만난 친구

강	아	지

들은 소리

바	람		소	리

2 일기에 쓸 주제를 정했다면,

3 일이 일어났던 순서대로 정리해서

육하원칙

육하원칙에는 '누가, 언제, 어디서, 무엇을, 어떻게, 왜'까지 모두 여섯 가지가 있어. 육하원칙을 잘 지키면 더 정확하고 알아보기 쉬운 글을 쓸 수 있지.

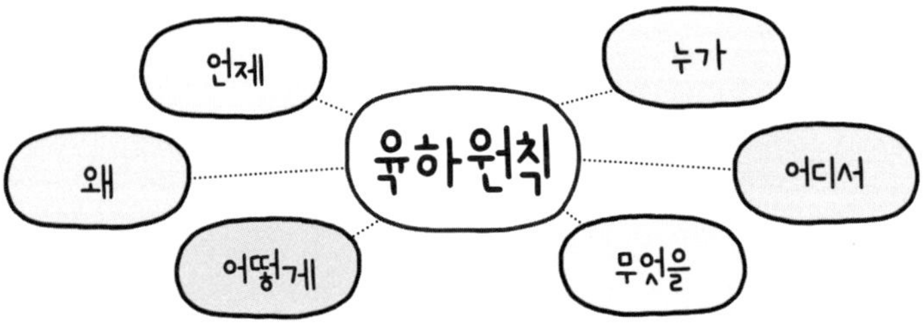

따라 써보자!

누가 언제 어디서

무엇을 어떻게 왜

4

육하원칙에 맞춰 일기를 써볼까?

일기를
써보자!

활동1. 오늘 하루 나에게 일어난 일을 일기를 써보자.

날짜 : 20 년 월 일 제목 :

날씨를 표시해봐

기분을 표시해봐

1. 언제 일어났어?

그림

글

2. 뭘 입었어?

3. 학교에서 어땠어?

4. 방과후엔 뭐했어?

5. 저녁은 뭐 먹었어?

6. 내일은 뭐 할거야?

제목 :

날짜 : 20 년 월 일

날씨를 표시해볼까? 

기분이 어땠어? 

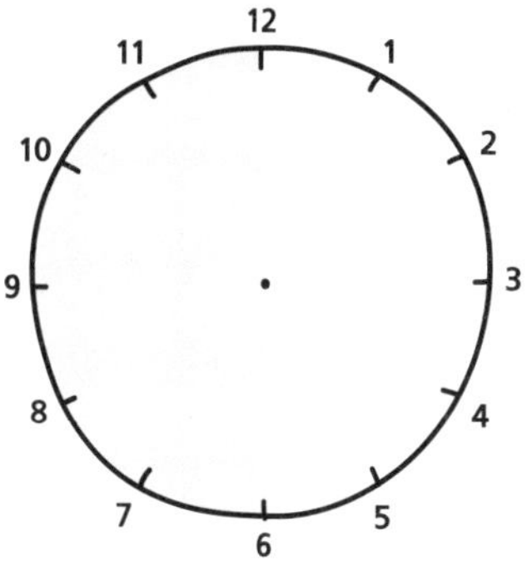

오늘 있었던 일 :

느낀 점 :

오늘 한 일

내일 할 일

수학 : 덧셈과 뺄셈2

커다란 수는
어떻게 더하고 뺄까?

바르게 따라 써보자.

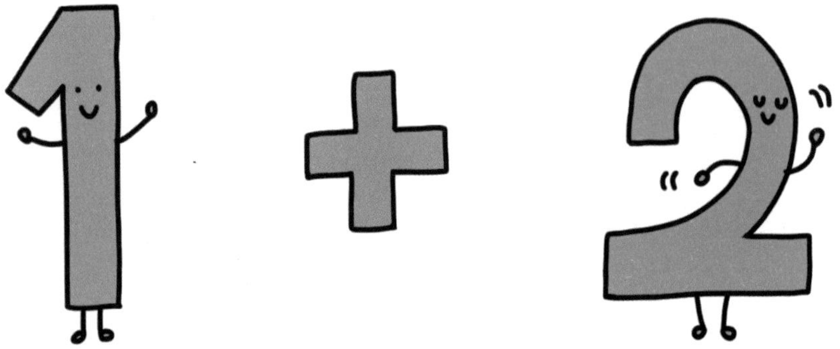

1

이	제		1		더	하	기
2	나		4		빼	기	
3	의		답	은		쉽	게
구	할		수		있	지	?

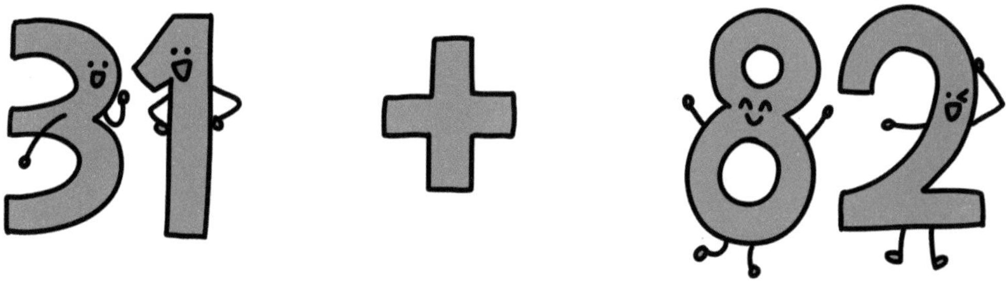

2

그럼 두 자릿수 덧셈은 어떻게 하는지 알아볼까?

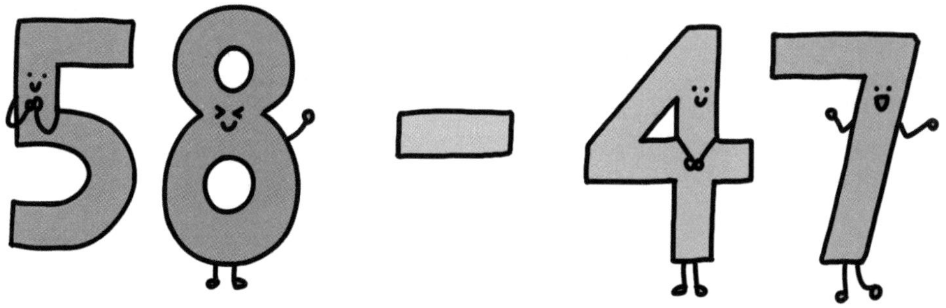

3

이럴 땐 같은 자릿수끼리 더해주면 계산하기 쉬워.

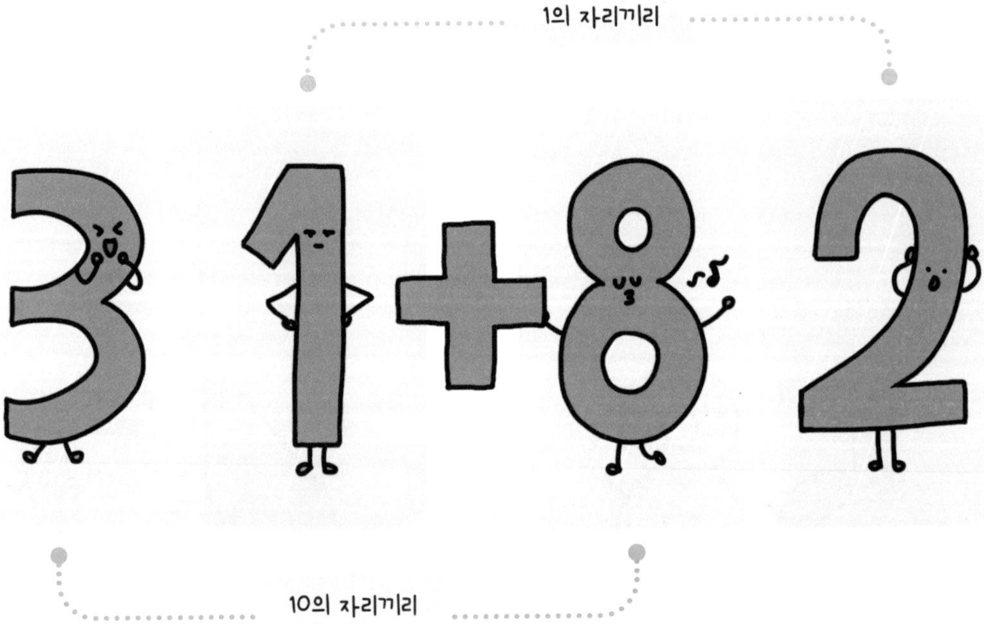

따라 써보자!

4

일의 자리끼리 더했을 때 10이 넘으면 십의 자리에 1을 더하면 돼.

십자리에
1을 더해줘야 해!
더하면 11
16+25

5

빼기 역시 일의 자리에서 십의 자리 순서로 차례차례 계산하면 돼.

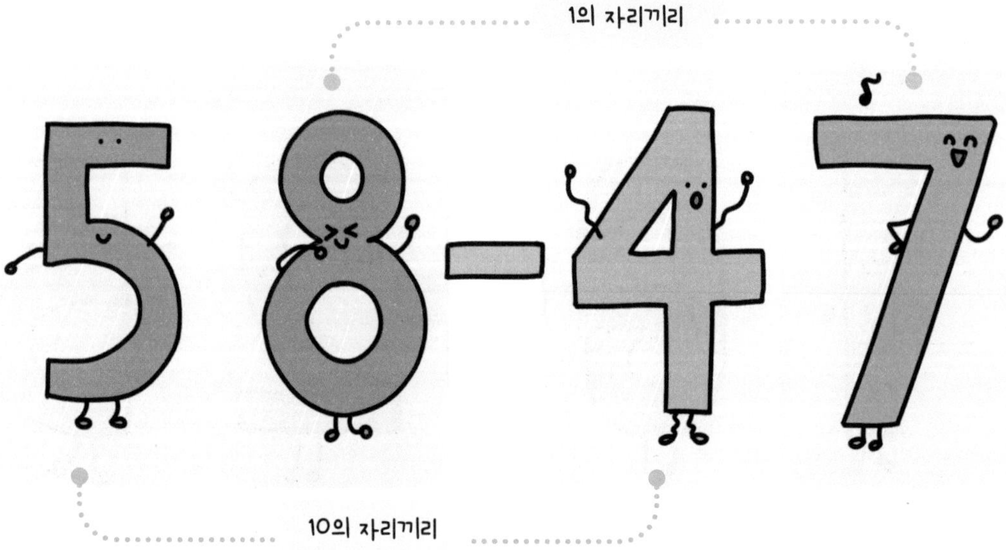

6

수를 비교할 땐 자릿수끼리 비교하는 거, 잊지 마!

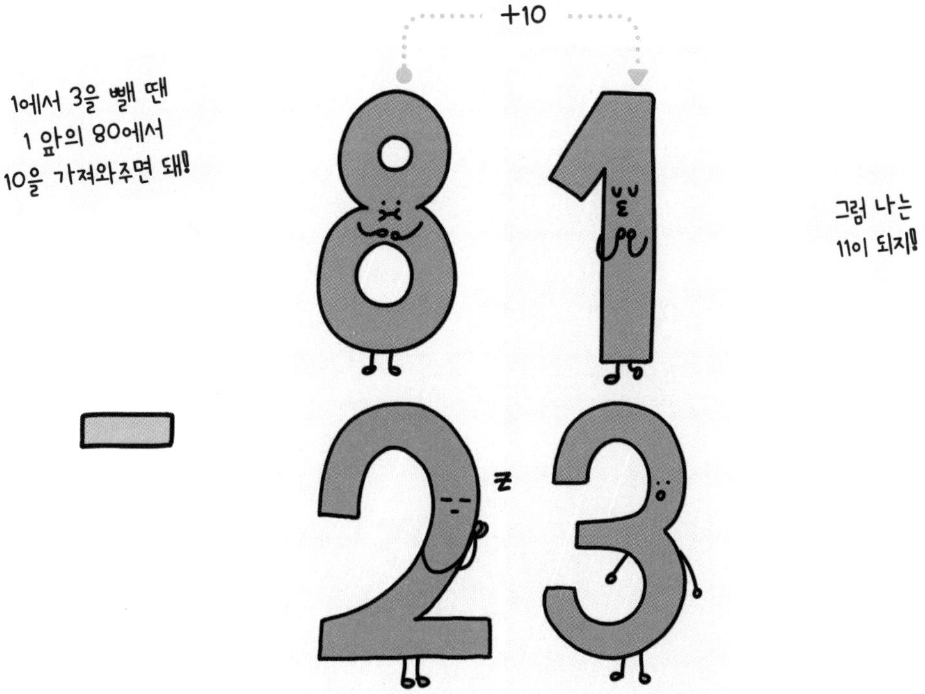
+10
1에서 3을 뺄 땐
1 앞의 80에서
10을 가져와주면 돼!
그럼 나는
11이 되지!

활동1. **다음 식을 계산해보자.** 정답 137쪽

1.
$$\begin{array}{r} 1\ 2 \\ +\quad 3 \\ \hline \end{array}$$

2.
$$\begin{array}{r} 2\ 4 \\ +\quad 8 \\ \hline \end{array}$$

3.
$$\begin{array}{r} 5\ 4 \\ -\quad 9 \\ \hline \end{array}$$

4.
$$\begin{array}{r} 7\ 6 \\ +\quad 4 \\ \hline \end{array}$$

5.
$$\begin{array}{r} 9\ 9 \\ -\ 8\ 1 \\ \hline \end{array}$$

6.
$$\begin{array}{r} 2\ 5 \\ +\ 1\ 6 \\ \hline \end{array}$$

7.
$$\begin{array}{r} 5\ 2 \\ -\ 1\ 4 \\ \hline \end{array}$$

8.
$$\begin{array}{r} 2\ 8 \\ +\ 6\ 5 \\ \hline \end{array}$$

9.
$$\begin{array}{r} 8\ 2 \\ -\ 1\ 5 \\ \hline \end{array}$$

활동2. **5개의 카드 안에 적힌 식을 모두 풀어 빈칸을 채워보자.**
그리고 그중에서 가장 큰 수와 가장 작은 수를 더해보자.

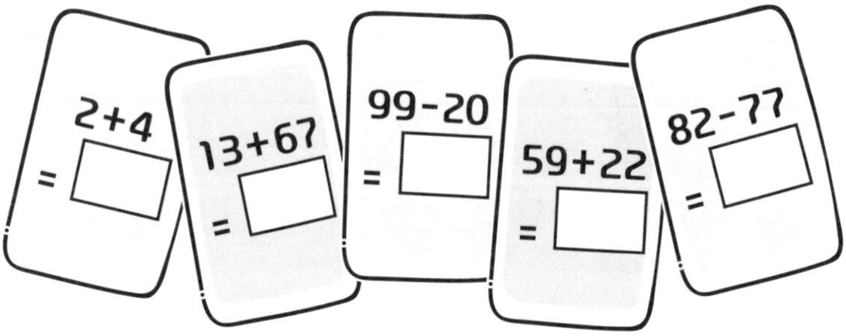

$$\begin{array}{r} \ \\ +\quad\ \ \\ \hline \end{array}$$

답

활동3. 식을 계산하여 값이 같은 것끼리 서로 연결해보자.

34 - 13 = □ •	• 48 - 24 = □
17 + 48 = □ •	• 82 - 16 = □
27 + 39 = □ •	• 10 + 11 = □
63 - 39 = □ •	• 20 + 45 = □
72 - 34 = □ •	• 26 + 12 = □

활동4. 젤리가 28개 있고 초콜릿이 34개 있어.
이중 선이가 젤리 2개와 초콜릿 8개를 먹어버렸다면,
젤리와 초콜릿은 모두 몇 개 남았을까?

남은 젤리의 수: ____개

식 ______________________

남은 초콜릿의 수: ____개

식 ______________________

남은 젤리와 초콜릿의 수: ____개

식 ______________________

통합 : 가을이 오면

추석에는
고마움을 말하자.

바르게 따라 써보자.

1

가을 바람이 선선해지면 과일과 곡식이 무르익어.

곡식

식량이 되는 쌀, 보리, 콩 등을 말해.

따라 써보자!

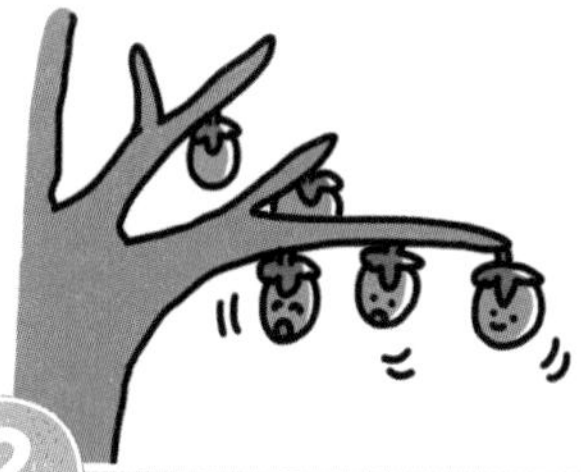

2

수확한 농작물로
추석상도 차리고,

3

온 가족이 함께
송편도 나눠 먹어.

추석

온 가족이 모여 맛있는 음식을 나누어
먹으며 곡식과 과일이 무럭무럭
자란 것을 감사해하는 날이야.

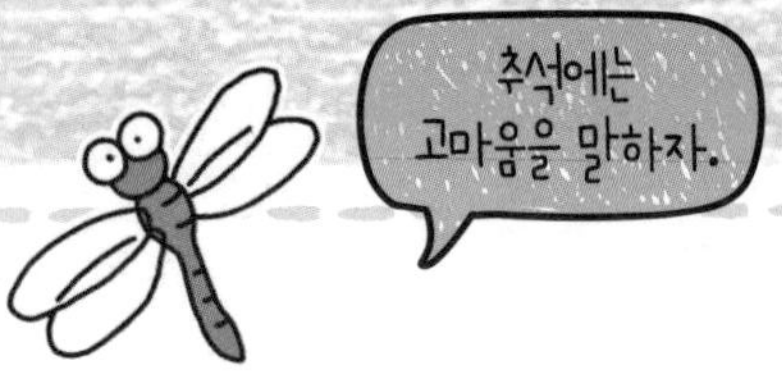
추석에는
고마움을 말하자.

4

농부들은 곡식을 길러 추수하고,

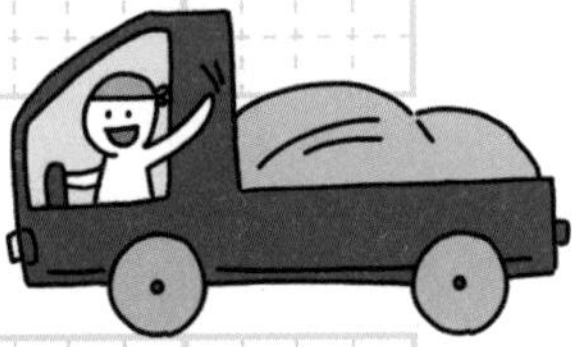

5

가족들은 정성껏 음식을 준비하지.

정성껏

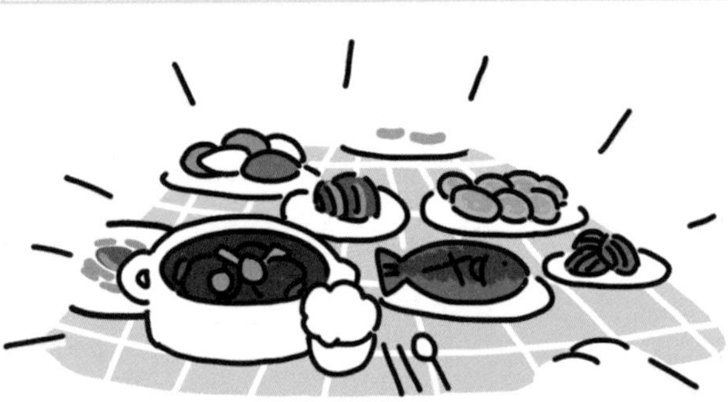

6

덕분에 우리는 즐겁고 풍성한 추석을 보내게 되었어.

국어 : 글을 읽어요

왜 다른 목소리로
읽어야 할까?

바르게 따라 써보자.

1

글에도 감정이 담겨 있어.

다양한 목소리를
흉내 내며 읽어 보자.
계속 똑같은 목소리로
동화를 읽는다면,
듣는 사람은 어떤 인물이
말하는지 헷갈릴 거야.

따라 써보자!

2

실감나게 읽으면 많은 것을 표현할 수 있어.

실감나다

실제로 일어난 듯한 느낌이 들 때 사용하는 말이야.

왜 다른 목소리로 읽어야 할까?

3

등장인물에 따라 감정을 다르게 표현해서 읽어 보자.

등장인물

책 속에 나오는 사람들을 말해. 동물이나 괴물 역시 등장인물이라고 할 수 있지.

각각의 등장인물의 입장에서 대사를 채워볼까?

활동을 풀어보자!

수학 : 여러 가지 모양

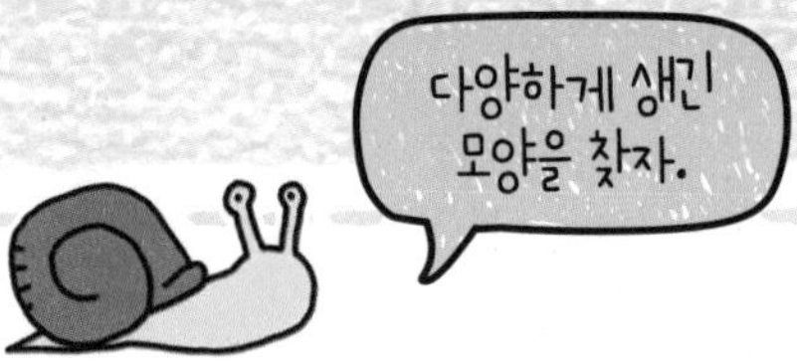
다양하게 생긴 모양을 찾자.

일상생활에서 모양을 찾아보자.

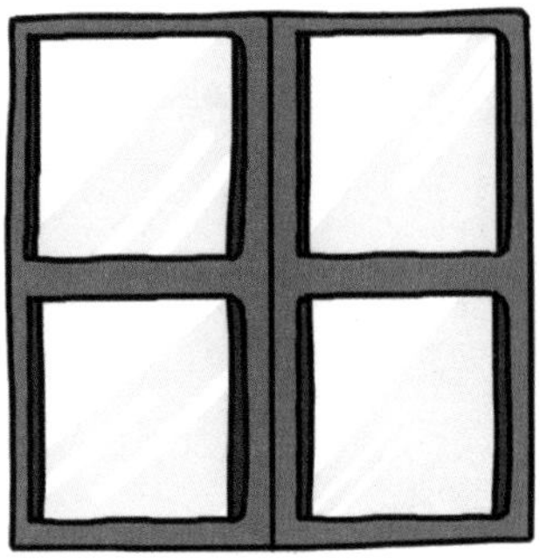

네 모

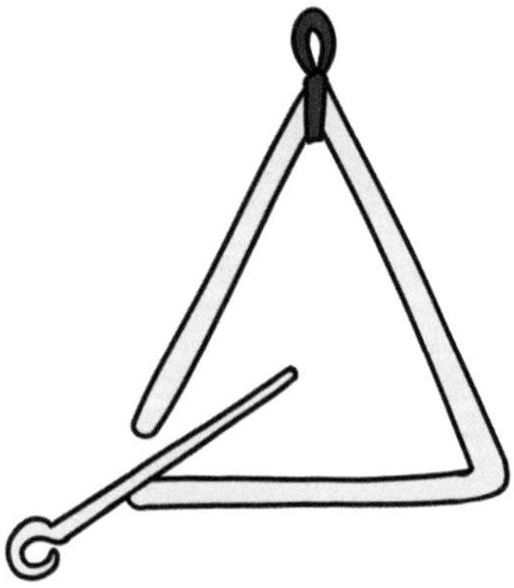

세 모

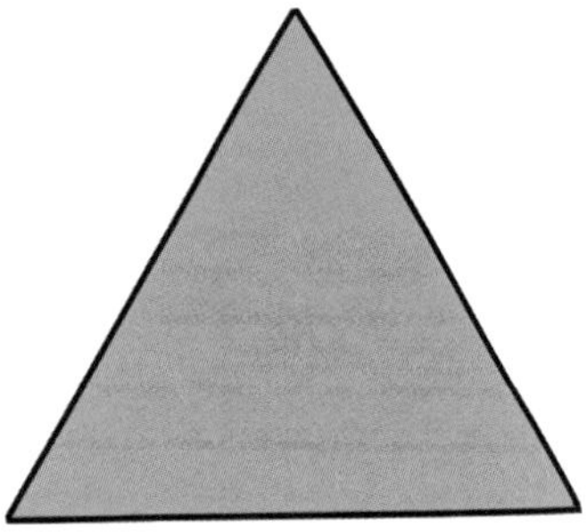

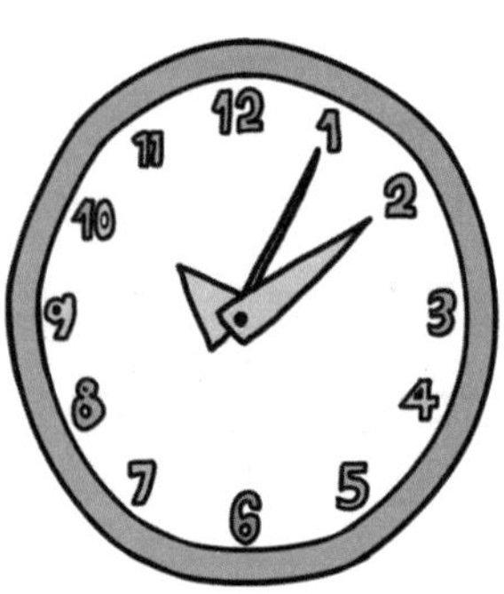

동 그 라 미

따라 써보자!

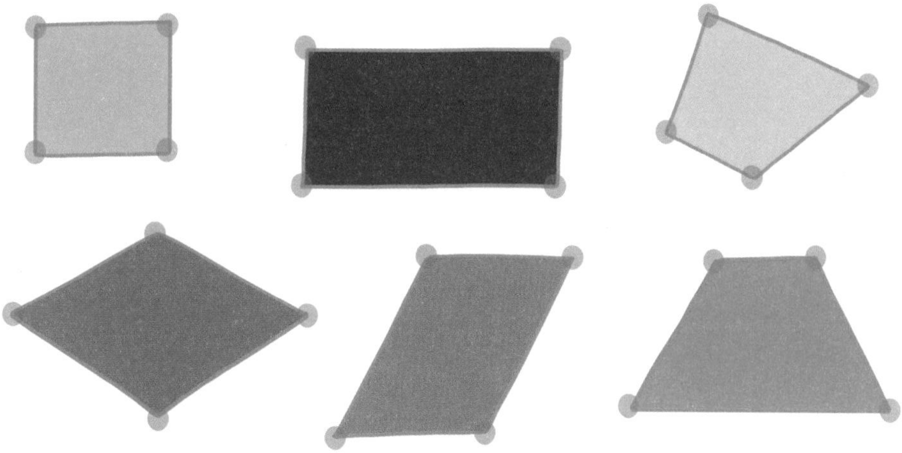

1

네모는 뾰족한 곳도 네 개, 곧은 선도 네 개라서 네모야.

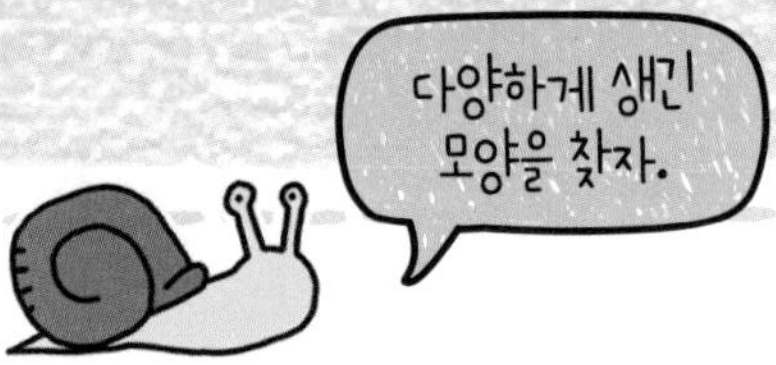
다양하게 생긴
모양을 찾자.

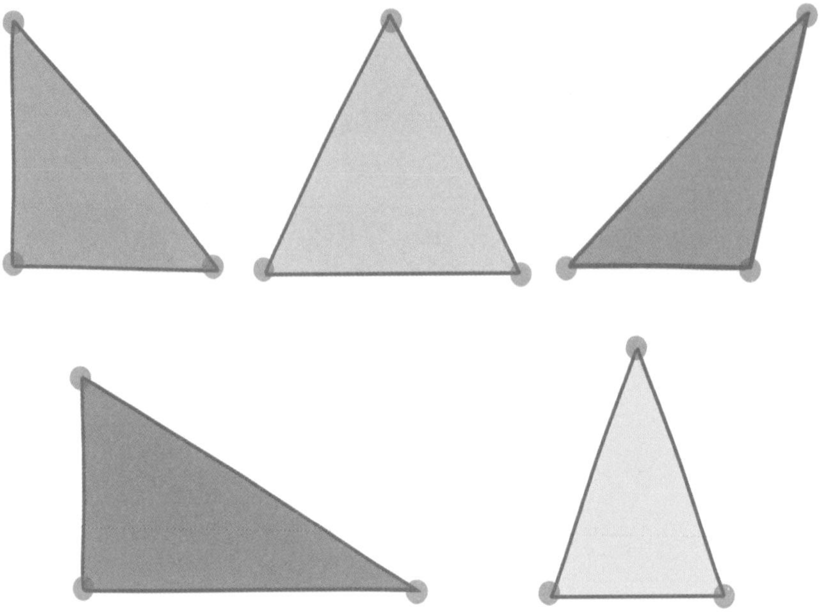

2

세모는 뾰족한 곳과 곧은 선이 세 개라서 세모야.

3

동그라미는 뾰족한 곳이 하나도 없어.

4

선도 동그래서 동그라미야.

통합 : 태극기 의미

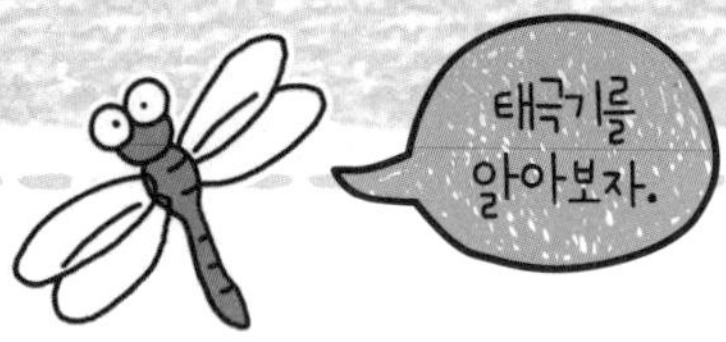
태극기를
알아보자.

바르게 따라 써보자.

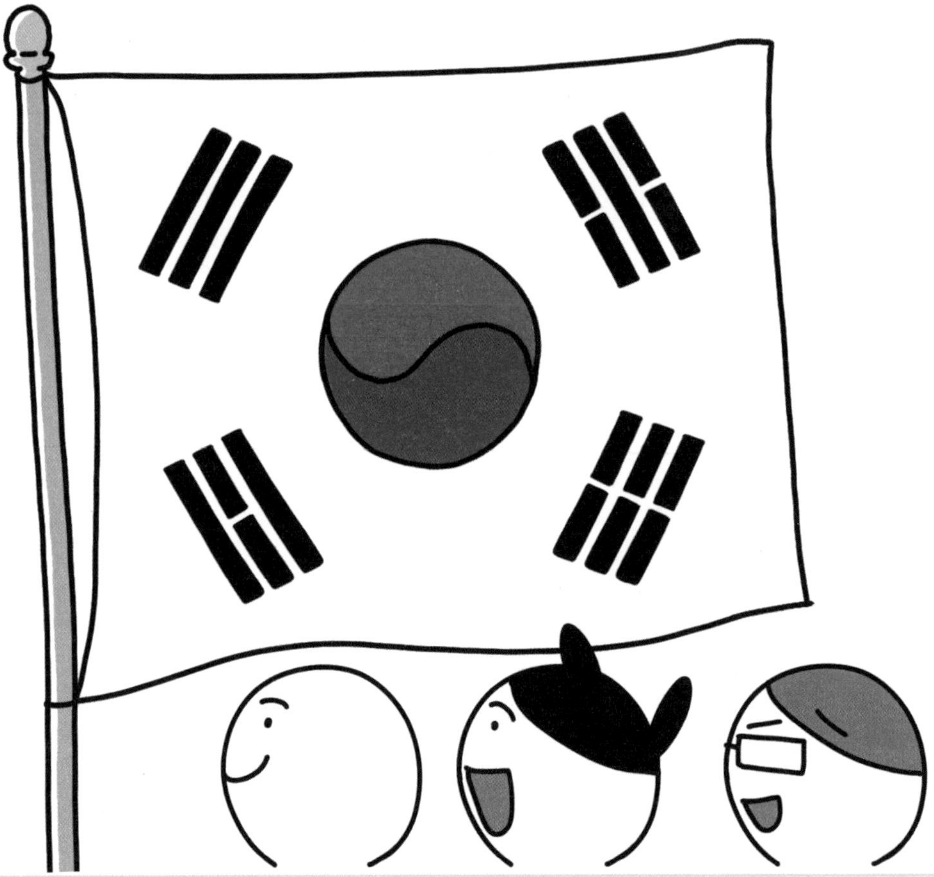

1

태극기에 담긴 의미를 알고 있니?

따라 써보자!

2

태극 문양과 건곤감리, 하얀 배경 모두 의미가 있어.

3

먼저, 태극기의 하얀 배경은 평화를 상징해.

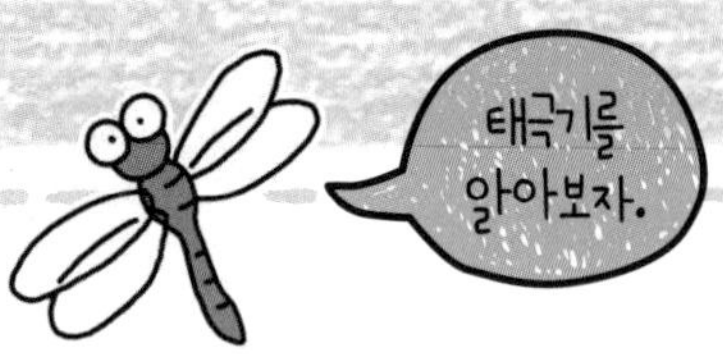
태극기를
알아보자.

4

태극 문양 중 파란쪽은 어둠을 뜻하는 음이고,

5

붉은 쪽은 밝음을 뜻하는 양이야.

따라 써보자!

6

태극은 결국 음양의 조화를 말해.

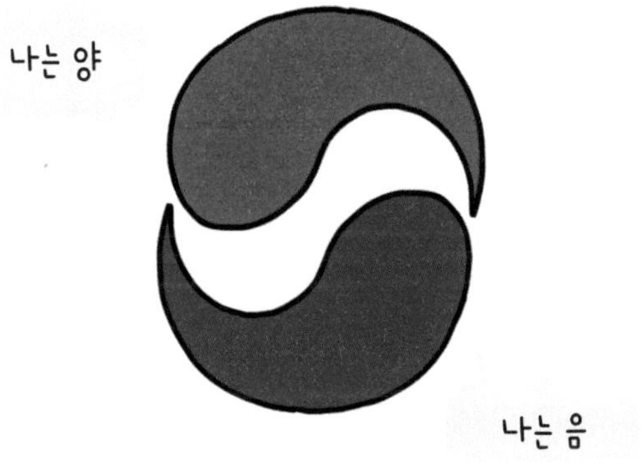

나는 양
나는 음

음양 조화

태극기 게양법

태극기는 국경일이나 국가에
중요한 행사가 있을 때 달아.
국경일은 좋은 날이기 때문에 베란다의
왼쪽이나 중앙에 태극기를 높이 달면 되지.

하지만 현충일처럼 가슴 아픈 날에는
태극기를 깃봉에서 태극기의
세로 길이만큼 내려서 달아야 해.

태극기에는
이런 의미가 있었구나!

태극기를 알아보자.

7

태극 문양을 기준으로 네 귀퉁이에 있는 검은 막대를 건곤감리라고 해.

건곤감리

건곤감리는 하늘, 땅, 물, 불뿐 아니라 사계절을 뜻하기도 해.

건은 하늘!
감은 물!
리는 불!
곤은 땅!

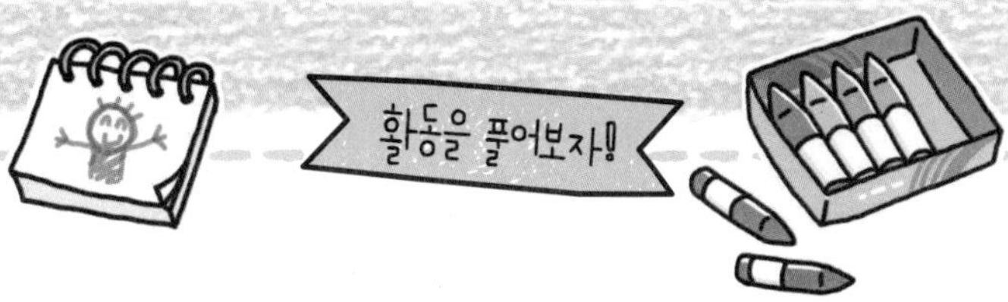

활동1. 3.1절, 제헌절, 광복절, 개천절, 한글날에 거리 곳곳에 걸리는 태극기!
우리가 매일 보는 태극기에는 어떤 의미가 숨겨져 있을까?
태극기를 색칠하고, 각 부분의 명칭과 의미를 배워보자.

정답 137쪽

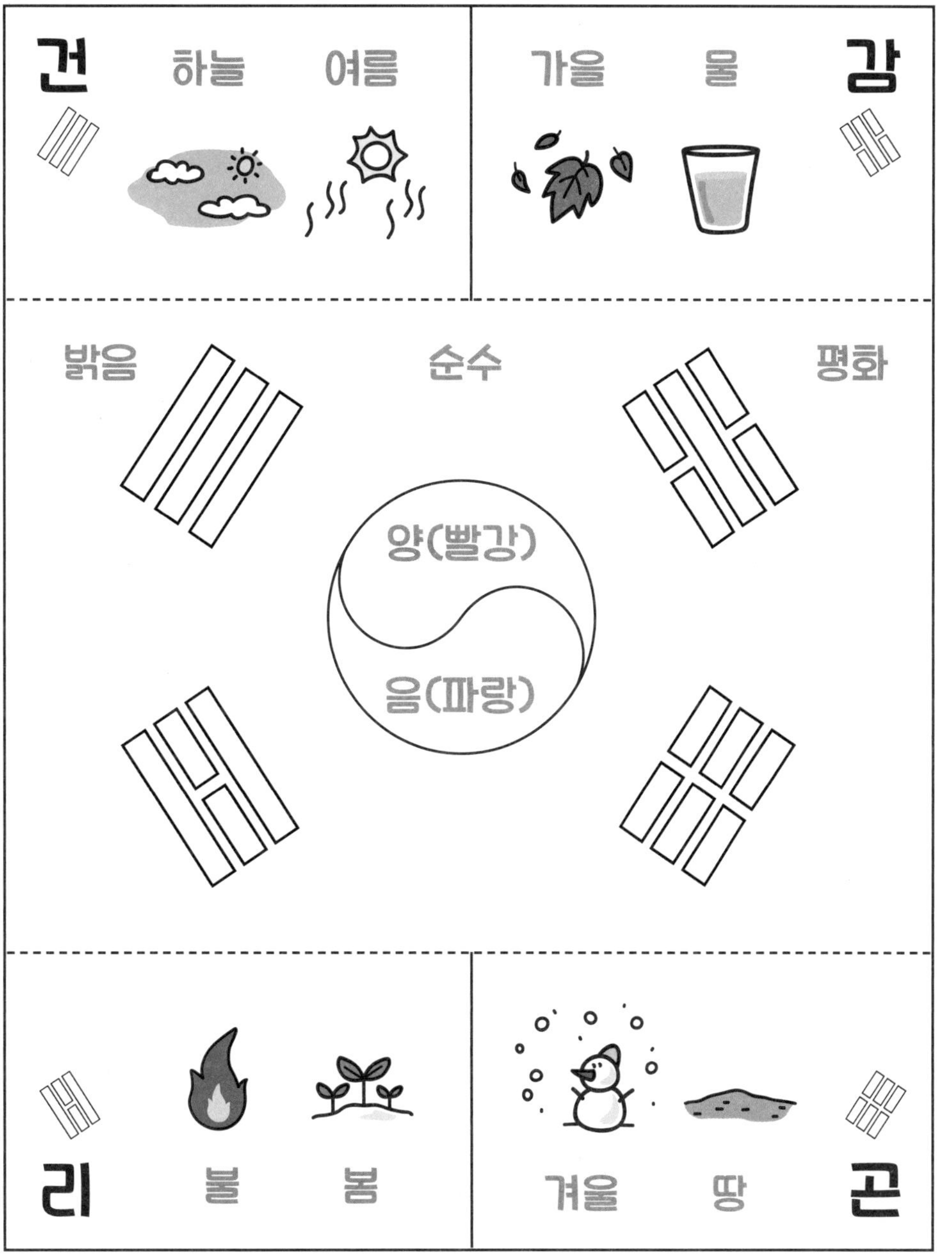

국어 : 띄어 써요

왜 띄어쓰기를 하는 걸까?

바르게 따라 써보자.

1

띄	어	쓰	지		않	으	면	
읽	는		사	람	이		이	해
하	기		어	려	워	.		

띄어쓰기를 하지 않으면 엉뚱한 글이 될 수도 있거든.

띄어쓰기

정해진 규칙에 맞게 낱말을 띄어서 쓰는 거야.

아 따분하다!

띄어쓰기에 따라 전달되는 감정도 다르겠네!

아 따분하다!

아따 분하다!

아따 분하다!

왜 띄어쓰기를
하는 걸까?

2

정확한 의사소통을 위해 띄어 읽는 것이 중요해.

아버지가 방에 들어가신다.
아버지 가방에 들어가신다.

따라 써보자!

활동1. 실수하기 쉬운 띄어쓰기를 연습해보자.

띄어 쓰는 경우

두		번	째	얼	마		전

사물의 순서나 양을 나타낼 때는
수와 단위를 한 칸 띄어 써주자.

'얼마'와 '전'은 붙여서 자주 쓰지만
한 단어로 쓸 수는 없어.

붙여 쓰는 경우

우	리	나	라	이	런	저	런

대한민국을 나타낼 때는
'우리'와 '나라'를 붙여 써줘.

'이런저런'은 한 단어로
굳혀진 말이니 띄우지 않아도 돼.

왜 띄어쓰기를
하는 걸까?

활동2. 다음 문장을 올바르게 띄어서 써보자. 정답 138쪽

1. 너뭐하니?

2. 수업중이니?

3. 보고싶다.

활동3. 알맞은 띄어쓰기를 골라보자.

1. [그중 | 그 중]에 아는 사람은 아무도 없었다.

2. 다음부터 지각하면 [안된다 | 안 된다].

3. 장사가 잘 [안된다 | 안 된다].

4. [한달 | 한 달] 뒤에 시험 본다.

5. [그다음 | 그 다음]에는 뭐 해?

6. 난 [너밖에 | 너 밖에] 없어.

활동4. 다음 대화문을 보고 띄어 써야 하는 부분을 찾아서 V자로 표시해보자.

1학년 4반

이것도내것! 그것도내것!

웃기지마! 이것만큼은양보못해!

나햄버거십초만에다먹을수있음.

그것밖에안됨? 난오초만에먹을수있음.

내가하라는대로해!

싫어! 난내가하고싶은대로할거야!

비서 아저씨

최대한님. 회장님께서급히오시랍니다.

지금게임중이라서싫다고전해주세요.

용돈드린다던데요? 만원.

이만원주면간다고해주세요.

수학 : 시계 보기

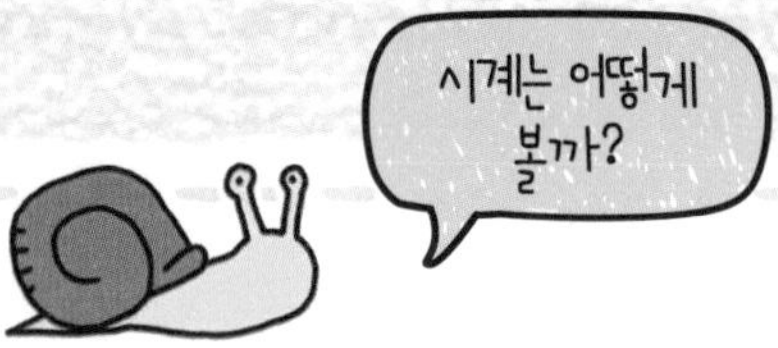
시계는 어떻게 볼까?

바르게 따라 써보자.

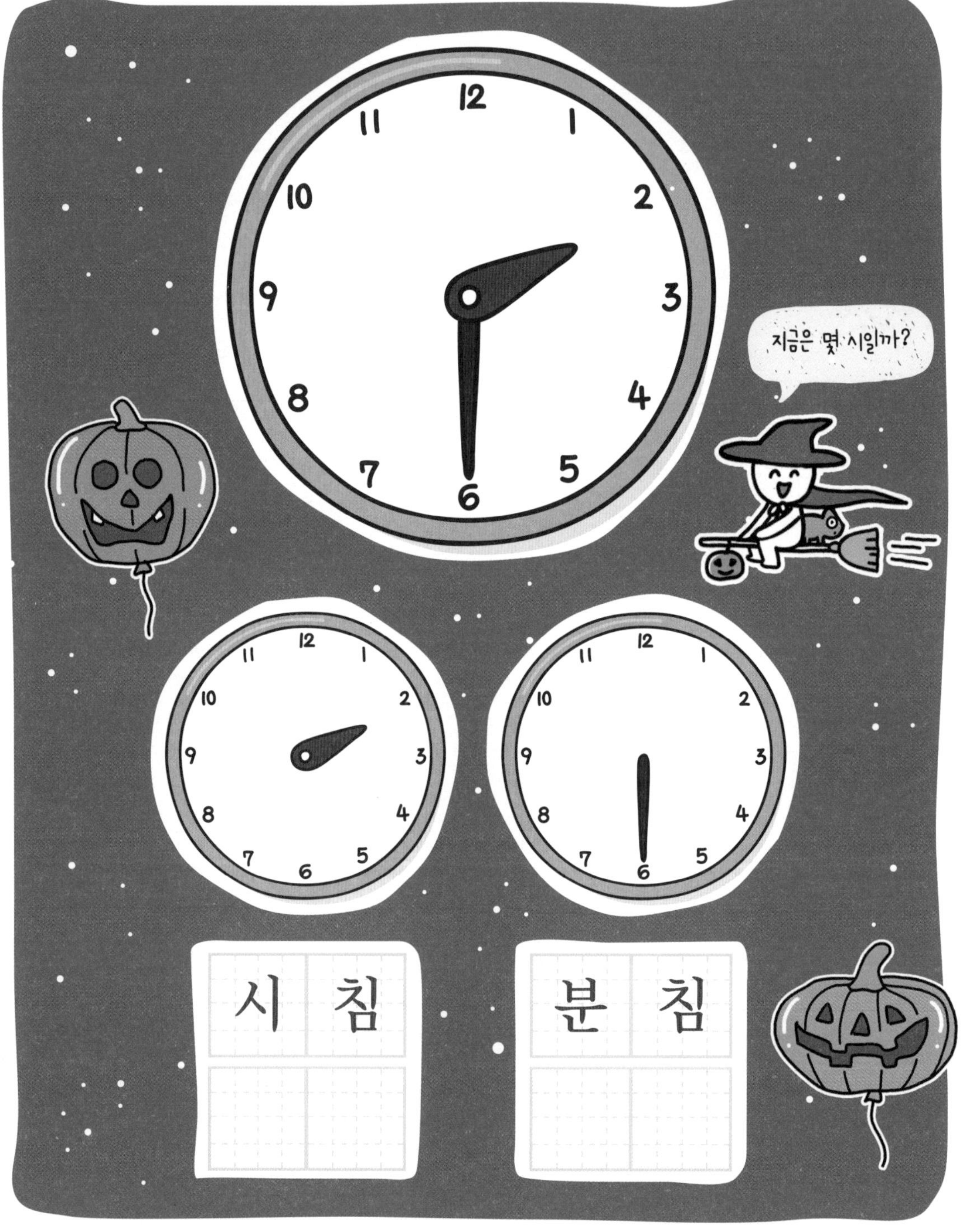
지금은 몇 시일까?
시 침
분 침

1

시계에는 두 가지 바늘이 있는데,

2

짧은 바늘은 시침, 긴 바늘은 분침이라고 해.

3

12 시를 기준으로
오전과 오후가
나뉘고,

오전 오후

따라 써보자!

두 시 정각

두 시 삼십 분

4

분침이 12를 가리키면 정각, 6을 가리키면 삼십 분이라고 해.

통합 : 겨울 놀이

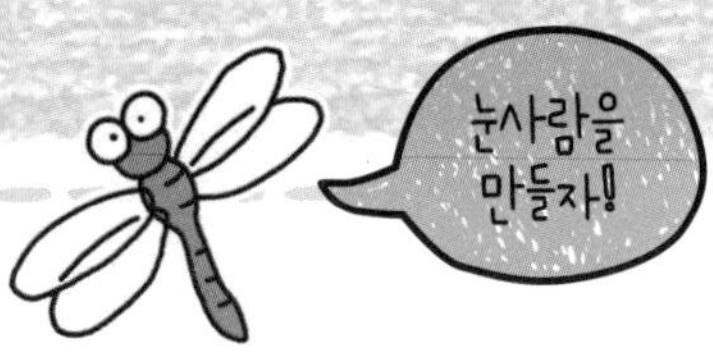
눈사람을
만들자!

바르게 따라 써보자.

1

겨울방학에는 무엇을 하며 놀 수 있을까?

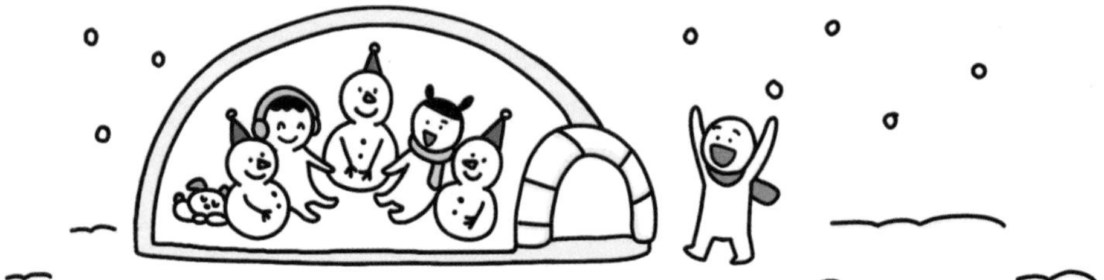

눈 싸 움

2

춥다고 집에만 있으면 너무 심심할 거야.

겨울엔 찬 바람이 많이 불고 추워.
그렇다고 불을 잘못 피우면
건조한 날씨 때문에 사고가 날 수 있으니
더 조심해야 해!

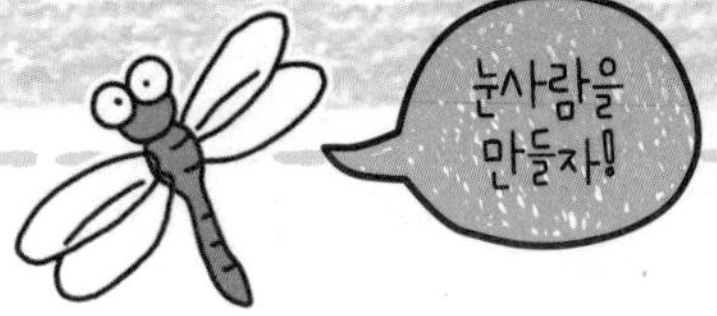
눈사람을
만들자!

썰매 타기

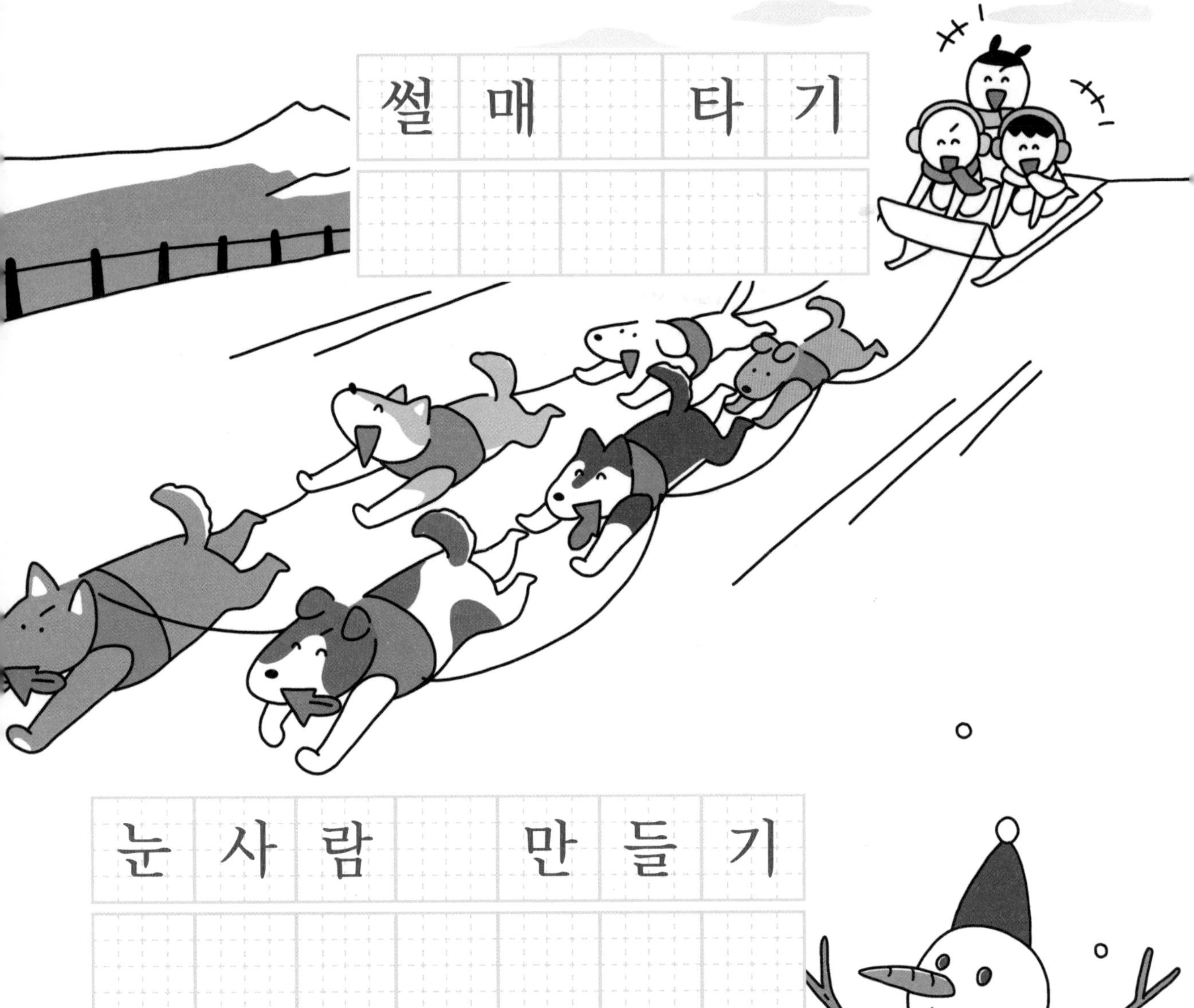

눈사람 만들기

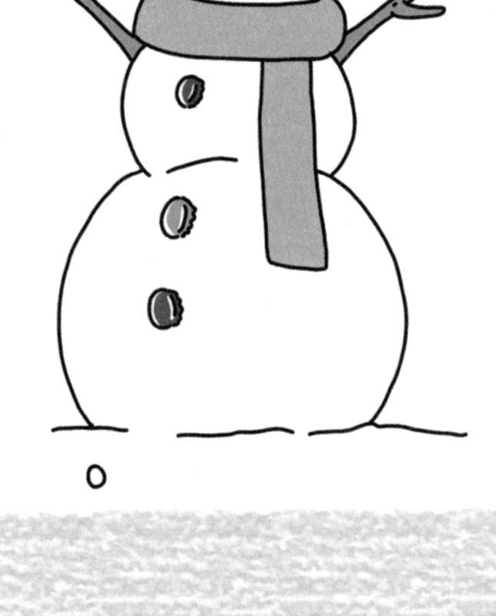

눈

구름에 있던 물이 차가워지면서
겨울에는 눈이 되어 내리는 거야.

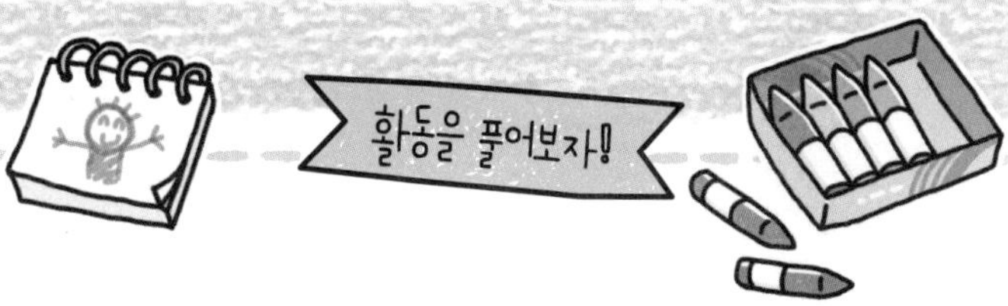
활동을 풀어보자!

활동1. 여기 커다란 눈 두 덩이를 모아두었어.
겨울이 춥지 않게 눈사람에게 멋진 옷을 그려줘.

나에게
따뜻한 옷을 입혀줘!

정답 및
해설

11p

무각노구
→ 군고구마

19p

활동1.

가	위	바	위	보

23p

활동1.

27p

활동1.

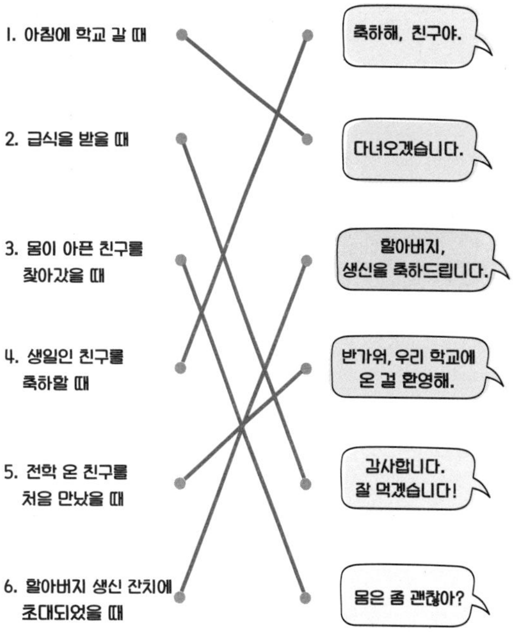

29p

활동1.

1. 3

2. 2

3. 5

활동2.

 = 1  = 1

답 1 + 1 = 2

31p

활동3.

1. 5 **2.** 두 마리

32p

활동4.

1. 3 + 2 = 5 , 5 − 2 = 3

2. 7 − 3 = 4 , 4 + 3 = 7

정답 및 해설

32p

활동5.

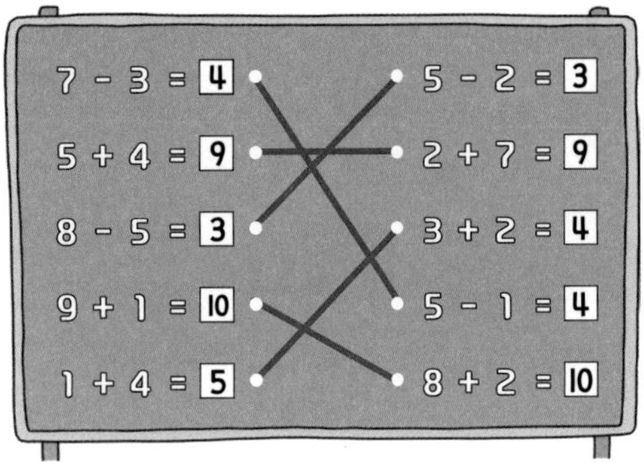

33p

활동6.

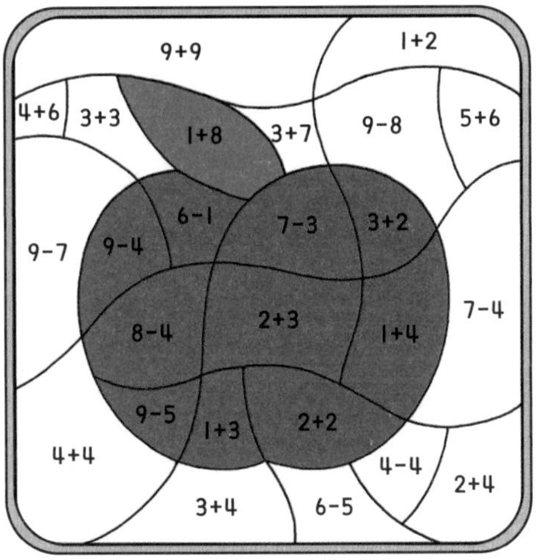

40p

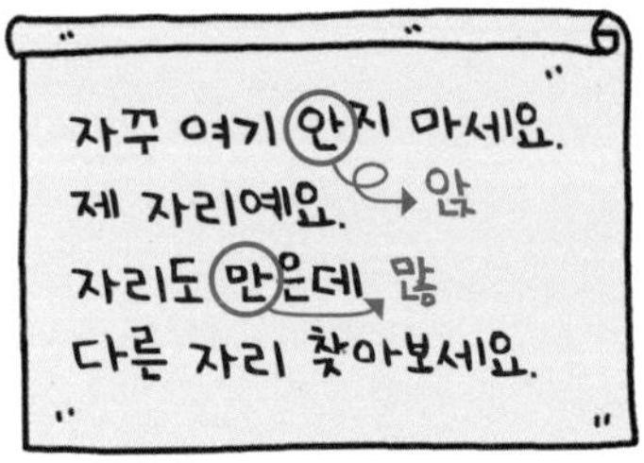

44p

활동1.

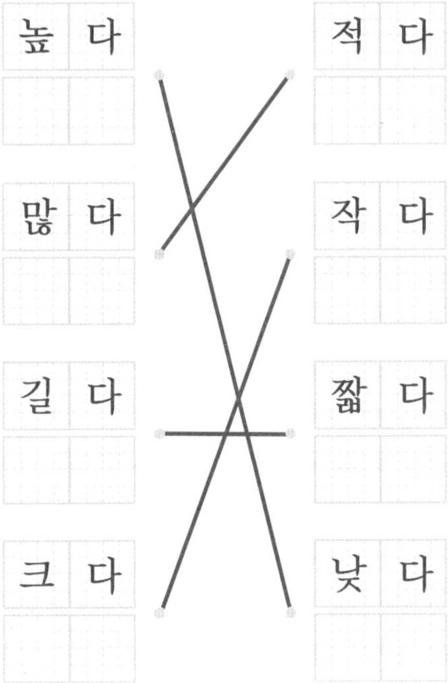

57p

활동2. **예시**

선생님은 아침마다 수영을 하셔.

방과 후에 친구와 게임을 했다.

활동3.

1. 자기 전에 소설책을 읽었다.
2. 나는 매일 아침 학교에 간다.

80p

활동1.

1. 9, 홀수　　2. 4, 짝수
3. 15, 홀수　　4. 12, 짝수

활동2.

1. 6, 짝수　　2. 5, 홀수
3. 7, 홀수　　4. 9, 홀수

81p

활동3. 고기

12	16	20	2	24
13	7	5	17	4
19	11	14	3	22
1	23	18	15	21
6	28	26	10	8

16	6	20	9	10
19	1	12	17	18
15	27	8	3	22
5	13	24	25	4
21	7	2	11	14

활동4. 16일

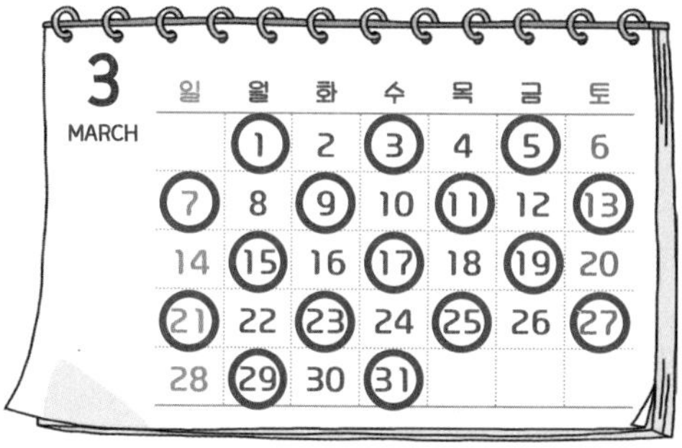

86p

활동1.

1. X　　2. O
3. O　　4. X
5. O　　6. X

100p

활동1.

1. 15　　2. 32　　3. 45
4. 80　　5. 18　　6. 41
7. 38　　8. 93　　9. 67

활동2.

6, 80, 79, 81, 5

81+5=86

101p

활동3.

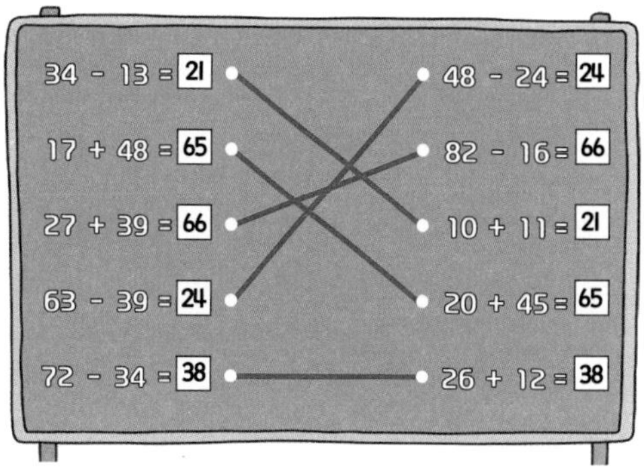

활동4.

26, 28−2=26

26, 34−8=26

52, 26+26=52

119p

활동1.

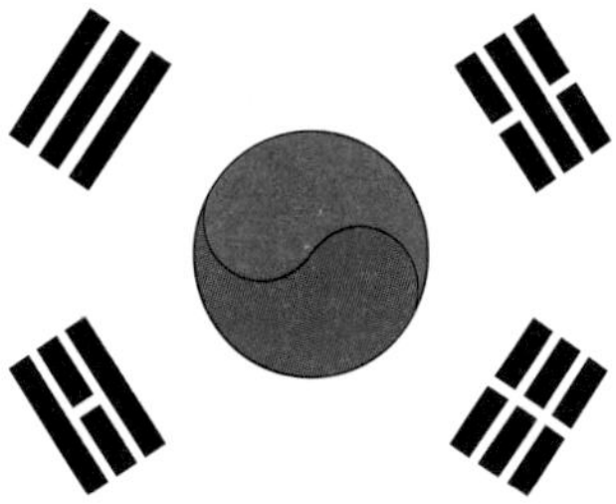

정답 및 해설

124p

활동2.

1. 너 뭐 하니? **2.** 수업 중이니?

3. 보고 싶다.

활동3.

1. 그중 **2.** 안 된다 **3.** 안된다

4. 한 달 **5.** 그다음 **6.** 너밖에

125p

활동4.

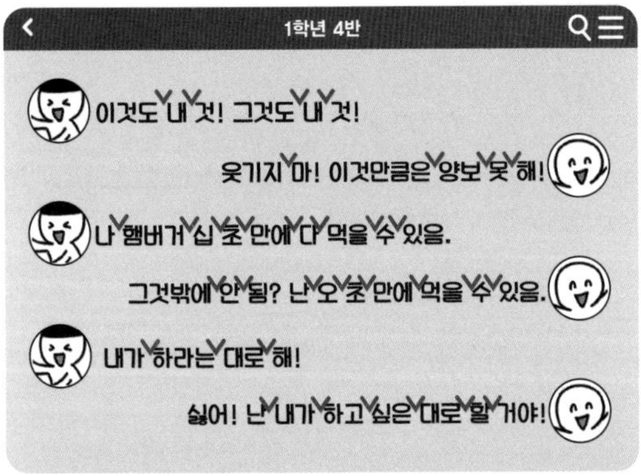

1학년 4반
이것도 내 것! 그것도 내 것!
웃기지 마! 이것만큼은 양보 못 해!
나 햄버거 십 초 만에 다 먹을 수 있음.
그것밖에 안 됨? 난 오 초 만에 먹을 수 있음.
내가 하라는 대로 해!
싫어! 난 내가 하고 싶은 대로 할 거야!

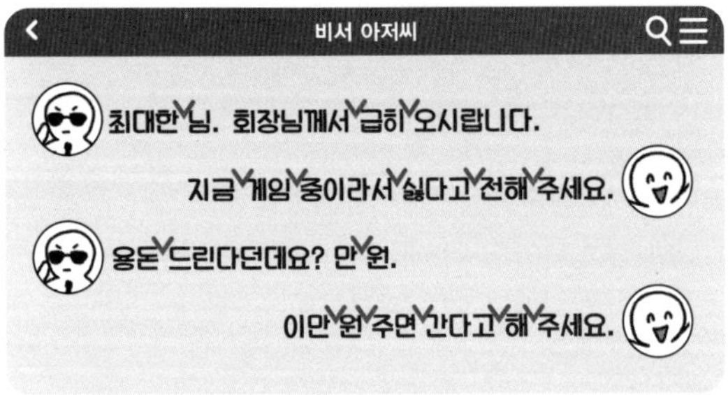

비서 아저씨
최대한 님. 회장님께서 급히 오시랍니다.
지금 게임 중이라서 싫다고 전해 주세요.
용돈 드린다던데요? 만 원.
이만 원 주면 간다고 해 주세요.

MEMO

올백 맞는 교과서 따라쓰기 1학년

1판 1쇄 2022년 2월 1일

저 자 올드스테어즈 편집부
펴 낸 곳 OLD STAIRS
출판 등록 2008년 1월 10일 제313-2010-284호
이 메 일 oldstairs@daum.net

가격은 뒷면 표지 참조

979-11-91156-26-3

공통안전기준 표시사항

· **품명 :** 도서 · **재질 :** 지류
· **제조자명 :** Oldstairs · **제조국명 :** 대한민국
· **제조연월 :** 2022년 2월
· **주소 :** 서울특별시 마포구 양화로12길 24, 4층
· **KC인증유형 :** 공급자적합성확인

KC마크는 이 제품이 공통안전기준에 적합하였음을 의미합니다.
책 모서리에 찍히거나 책장에 베이지 않게 조심하세요.